KB198956

어른의 말 공부

사람과 삶, 마음을 잇는 어휘의 힘

어른의 말 공부

권재우
김강수
박길훈
윤승용
이정수
조배식

상상정원

이렇게 예쁜 이름은 누가 지어 주셨을까. 어떤 뜻을 담았을까. 언니나 동생은 이름이 뭘까. 사랑하는 사람이 생기면 하나씩 하나씩 궁금한 게 많아지죠. 우리 말과 글을 사랑하는 선생님들도 궁금하셨나 봅니다. 그래서 하나씩 하나씩 '말밑'을 찾아보고 공부했지요. 가르치는 분들이 배운 겁니다. 더 잘 가르치기 위해서요. 그러다 함께 책도 만들었지요. 덕분에 우리도 알게 되었어요. 내 곁에 머물러 달라는 건 겨드랑이처럼 옆에 바짝 붙어 달라는 것이고, 친해지려면 그런 곁을 내어 주어야 한다는 것을 말입니다. 이런 '말밑'을 세세히 알게 되면 우리의 마음속 밑바탕도 더 튼실해질 것 같습니다. 바닥부터 단단한 사람을 '어른'이라 부릅니다. 그래서 이 책 제목이 '어른의 말 공부'인가 봅니다. 아무래도 공부해야 어른이 될 테니까요.

이금희(방송인)

선생님들 몇 분이 우리말 어원을 오래 공부해서 《어른의 말
공부》를 냈습니다. '어원'이라는 한자말을 대신할 '말밑'이라
는 우리말이 꽤 낯설지요? 저도 그랬습니다. 부끄러운 일입니
다. 뇌물이 오가는 구질구질한 현실은 여전한데, '소매밑'이라
는 우리말이 사라져 버린 현실과 비슷합니다. 좋은 책입니다.
맛있는 군것질거리처럼 곁에 두고 읽기 시작했더니 멈추기 어
려웠습니다.

이철수(목판화가)

우리말의 자취, 오솔길을 따라

말은 사람과 사람을 이어 줍니다. 뜨겁고 차갑고 기쁘고 즐겁고 막막하고 쓸쓸한, 느낌을 담기 때문입니다. 사람들은 말에 담긴 느낌을 서로 나누면서 외로움을 이겨 내고 힘차게 살아갈 힘을 얻습니다.

말은 느낌뿐 아니라 생각과 뜻을 담는 그릇입니다. 맞고 틀리고 옳고 그른 것을 가르는 생각도 말에 담기고, 세상을 어떻게 살아가야 하는지 뜻도 말에 실을 수 있습니다. 그래서 말은 사람의 삶을 송두리째 담는 그릇입니다. 삶이 뚜렷하고 힘이 있으면 말도 굳세지고, 말이 갈피를 잡지 못하면 삶도 제 갈 길을 잃고 맙니다.

우리 겨레의 삶도 우리 겨레가 쓰는 말에 담겨 있습니

다. 오래전부터 이 땅에 터를 일구고 살아온 이들의 삶도 담겨 있고, 우르르 몰려왔다 물러갔던 이들의 삶도 우리가 쓰는 말에 얼핏 담겨 있지요.

새벽부터 일어나 밥 짓고 어린 자식을 돌보던 어머니의 삶이나 바람이 어디서 불어오는지 날마다 살피던 어부의 삶, 봄부터 가을까지 내내 여름 짓던 농부의 삶도 모두 우리가 쓰는 말에 들어 있습니다.

우리는 날마다 아무렇지도 않게 말을 나누지만 사실 그 일이 오랫동안 내려온 겨레의 얼을 이어 가는 중요한 일이라는 것을 잘 알지 못합니다.

그러다 보니 입으로는 말을 하지만 세상에 없는 거짓말을 할 때도 있고 목소리는 크지만 저 혼자만 잘 살겠다고 억지를 부리기도 합니다. 누구나 알아들을 수 있는 말을 해야 하는데, 배웠다고 함부로 외국말을 써서 기를 죽이기도 합니다. 그렇게 말을 하다 보면 사람들 사이가 이어지지 않고 뚝뚝 끊어지게 됩니다. 안타까운 일입니다.

우리가 지금 쓰고 있는 말이 어디서 나왔는지 알게 하면 어떨까 싶었습니다. 낱말의 뿌리를 찾아가다 보면 저절로 겨레의 삶이 보일 것이고, 그러다 보면 말이 사람의 삶을 북돋는다는 것을 저절로 알게 될 것 같았으니까요. 몇몇 사람이 하는 말보다 많은 사람이 하는 말이 올곧고, 높은 사람만 쓰는 말보다 온 백성이 쓰는 말이 힘이 세다는 것을 깨닫게 될 것 같았지요.

뜻을 나눈 몇몇 이가 모여서 우리말 어원을 공부했습니다. 우리말로는 '말밑'이라고 하지요. 우리 겨레가 쓴 오래된 말은 저 혼자 따로 쓰이지 않고 때때로 다른 말로 뻗어 나갈 때가 많았고, 줄기를 찾아가다 보면 그때 삶이 어떠했는지 짐작할 수 있었습니다.

자료를 찾고 아무리 궁리를 해도 뿌리를 찾기 어려운 말도 있었습니다. 그런 날은 함께 모여 늦게까지 이야기를 나누었습니다. 오래 이야기를 나누다 보면 언뜻언뜻 다음 갈 길이 보이곤 했지요.

우리말 어원을 찾아가는 길은 크고 넓은 길이 아니라 오솔길이었습니다. 우리는 이 땅을 살아간 사람의 자취를 따라 천천히 오솔길을 걸어왔습니다. 그 길을 오래 걸어가다 이 책을 세상에 내어놓게 되었지요. 돌아보면 참 즐거운 나들이였던 것 같습니다.

책을 읽는 여러분도 우리처럼 말의 오솔길로 접어들길 바랍니다. 높은 나무가 둘러싼 숲길을 지나, 작은 연못을 지나, 새파란 풀밭에 누워 잠시 쉬기도 하면서 말이지요.

길을 따라가다 보면 우리 겨레가 살아온 삶을 느낄 수 있을 것입니다. 어쩌면 거기 내 삶을 보태어 새로운 말을 나누며 새길을 걸어갈 수도 있겠지요. 말이 곧 삶이니까 말입니다.

글쓴이의 마음을 모아
김강수 씀

차 례

응어리는

먹을 수가

없다

사람의 삶은 앞으로 나아갑니다. 뒤로 돌아가는 삶은 없지요. 때로는 되돌리고 싶은 마음이 생길 때도 있지만 삶을 되돌렸다는 사람이 있다는 이야기를 들은 적은 없습니다.

삶은 앞으로 나아갈 뿐이지만 뒤를 돌아보면 이야기가 남습니다. 어제를 힘겹게 살아 낸 이야기, 오늘을 힘차게 살아간 이야기들입니다. 사람들은 모두 그런 이야기를 나누며 살지요. 이야기를 제대로 나눠야지 또 내일을 살아갈 힘을 얻게 됩니다.

때로는 나누지 못하고 마음에 남은 이야기도 있습니다. 이야기를 꺼내려고 하면 눈물이 쏟아져서 못 할 수도 있고, 생각만 해도 너무 안타까워서 못 한 이야기도 있습니다. 부끄러워서 영영 입 밖에 꺼내지 않은 이야기도 있지요. 꺼내지 못한 이야기는 살아갈 힘이 되지 못하고, 대신 내 속에 단단하게 자리 잡게 됩니다. 그런 것을 '응어리'라고 합니다. '마음속에 응어리가 졌다'처럼 씁니다.

응어리는 원래 열매 속에 단단히 뭉친 것을 뜻합니다. 사과나 배를 베어 먹다 보면 단단해서 더 먹지 못하는 속이 나오는데 그게 바로 응어리입니다. 처음에는 사과나 배에 쓰던 말이 사람 몸으로 옮겨 갔습니다. 멍이 들어서 단단하게 뭉친 것을 응어리라고 부르기도 하고, 상처가 곪아서 단단하게 된 것도 응어리라고 했지요. 그렇게 쓰던 말이 다시 사람 마음으로 옮아가면서 지금처럼 쓰게 된 것이지요. 응어리는 여러 가지 뜻을 가진 말이 되었습니다.

그러고 보면 말은 조금씩 자리를 옮겨 가며 뜻을 넓혀 가는 것 같습니다. 하지만 처음 뜻에서 멀어지다 보니, 원래 어디에 쓰던 말인지 까맣게 잊어버릴 때가 있습니다. 마음 속 응어리가 뭔지 아는 사람도 사과나 배 속에 있는 단단한 것이 뭐냐고 물어보면 모를 때가 있지요.

말뜻을 잊어버리지 않게 이렇게 말해 보면 어떨까요? "사과 응어리를 씹으며, 마음속 응어리를 풀었다."고 말입니다. 사과 응어리를 씹어서 진짜 그렇게 되면 좋겠습니다.

볼, 따귀,

싸대기는

뭐가 다를까

____

사람에 따라 웃을 때 볼에 움푹 보조개가 패곤 합니다. 보통 양쪽 볼에 다 생기지만 한쪽만 보조개가 들어가는 사람도 있지요. 아기들은 볼이 통통해서 보조개가 들어가면 그렇게 귀여울 수가 없습니다.

보조개는 볼에 조개를 더해서 만든 말입니다. '볼+조개'인데, 볼이 조개껍데기같이 오목하게 들어간다고 붙은 이름입니다. 보조개와 같은 뜻으로 사전에 올라 있는 볼우물도 '볼+우물'로 이뤄진 말입니다. 볼이 우물처럼 패였다는 뜻이 되지요. 사전에는 없지만 '볼샘'도 같은 뜻입니다.

볼은 뺨 한가운데 볼록하게 솟아 있는 부분을 이릅니다. 볼록하게 솟아올라서 '볼'이라고 불렀습니다. 허벅다리

위쪽으로 볼록하게 솟아오른 곳을 '볼기'라고 하는데 이것도 볼록한 모양과 관련이 있겠지요?

볼은 사는 곳에 따라 볼테기, 볼따귀, 볼따구니, 볼때기로 부르는데, 소리가 되게 날 때는 '뽈'이라고 합니다. 식당에서 파는 대구뽈찜은 바다 생선인 대구 볼로 만들었지요.

볼은 뺨, 따귀, 싸대기와 헷갈리기 쉽지만 서로 쓰임이 다릅니다. 볼은 뺨 가운데 솟은 부분이고, 뺨은 귀밑에서 턱 위까지로 얼굴에서 가장 넓은 부분을 이릅니다.

뺨은 넓어서 손바닥에 맞는 수모를 당할 때가 있습니다. 이때는 따귀 또는 뺨따귀가 됩니다. '따귀를 갈기다', '따귀를 올려붙이다'로 씁니다. 따귀를 맞을 때 얼핏 잘못 맞으면 뺨 위에 붙은 귀도 덩달아 맞을 때도 있지요. 그럴 때 뺨과 귀를 아울러서 '싸대기'라고 합니다. 뜻을 뚜렷하게 하느라 '귀싸대기'라고 부르지요.

어디를 때려도 상처가 나지만 귀싸대기는 잘못 때리면 고막에 구멍이 날 수도 있습니다. 흔히 고막이 터졌다고 말하는데, 고막이 터지면 귀에서 피가 나기도 하고, 소리를 듣지 못할 수도 있지요. 아무리 화가 나도 말로 해야겠습니다.

세가

만발이나 빠지는

발설지옥

　　불교에서는 거짓말을 하거나 남을 헐뜯는 죄를 지으면
죽어서 '발설지옥'에 떨어진다고 합니다. 염라대왕의 심판
을 통과하지 못한 망자가 가는데 혀를 길게 늘어뜨려 얇게
편 다음 그 위에서 밭을 간다네요. 생각만 해도 무척 아플 것
같습니다. 거기서 나온 말인지는 모르겠지만 경상도에는
'세가 만발이나 빠질 놈'이라는 무시무시한 욕이 있습니다.
밭은 두 팔을 폈을 때 손끝에서 손끝까지 길이인데 혀가 만
발이나 빠질 놈이라는 뜻이지요.

　　경상도, 전라도, 평안도 같은 곳에서는 혀를 '세'라고 부
릅니다. 혓바닥은 '셋바닥'이라고 하고, 혓바늘은 '셋바늘'입
니다. 표준어에는 별로 없지만 'ㅎ'을 'ㅅ'으로 바꾸는 구개

음화 때문입니다. 그래서 형님을 '성님'으로 부르고, 흉악한 놈도 '숭악한 놈'이 됩니다.

지붕 마룻대에서 혀처럼 길게 늘어뜨린 서까래도 혀에서 온 말입니다. 원래는 '혀'와 '가래'가 붙은 '혓가래'였지요. 여기서 가래는 엿가래, 떡가래처럼 길고 둥근 것에 붙는 말입니다.

힘도 '심'으로 바뀌곤 합니다. 이치에 맞게 말을 잘하면 입심이 좋다고 하고, 버티는 힘이 세면 뱃심이 좋다거나 뚝심이 있다고 합니다. 밥을 제대로 먹어야 밥심이 생기고 뒷심이 달리면 끝까지 버티지 못합니다.

힘이 심이 되듯 힘줄은 '심줄'이 됩니다. 세상에서 가장 질긴 힘줄은 고래 심줄이고, 소의 힘줄은 쇠심입니다. 갈비 안쪽에는 안심이 있고, 등 쪽에 있으면 등심이라고 하지요.

동물 힘줄처럼 식물이나 사물에도 힘줄처럼 생긴 알맹이는 심이 됩니다. 무나 고구마에 질긴 부분을 심이라고 하지요. 촛불에는 심지가 있고 연필에는 연필심, 팥죽에는 새알심이 있습니다.

심부름도 힘에서 나왔습니다. 옛말은 '심부림'이었는데 '다른 사람 심(힘)을 부린다'는 뜻을 담고 있습니다. 높은 자리에서 심부름을 시킬 때는 좋겠지만, 부림을 당하는 사람은 좋을 턱이 없습니다. 내 일이 아니니, 별로 힘을 쓰고 싶지 않습니다. 그럴 때 '심드렁하다'고 합니다. '힘드렁'에서 나온 말이지요.

경상도 말로 '세가 만발이나 빠질 놈'이 가는 발설지옥은 무섭습니다. 혀만 빠지는 게 아니라 그 위에서 쟁기로 밭을 간다니 말입니다. 뒤에서라도 남을 헐뜯지 말아야 하겠습니다.

봄 여름
가을 겨울

　오랜 시간 한자 문화권에 지내서 우리에겐 한자로 된 말이 많습니다. 일본 사람들이 번역한 한자말까지 들어오면서 더 많아졌지요. 그래도 계절을 나타내는 봄, 여름, 가을, 겨울은 사라지지 않아 다행입니다. 말의 느낌이 오롯이 남아 있는 소중한 토박이말입니다.

　봄은 '보다'에 뿌리를 둔 말입니다. 추운 겨울이 지나면 새싹이 돋고 꽃이 피지요. 새록새록 새로 나는 것들을 보는 철이 봄입니다.

　옛날에는 열매를 '여름'이라고 했습니다. 《용비어천가》에 '곶 됴코 여름 하나니(꽃 좋고 열매 많으니)'에 나옵니다. '열다'에서 온 말이지요. 열매를 맺는 일, 농사짓는 일도 여름이었습니다. 농부를 토박이말로 '여름지기'라고 하지요. 열매가 맺힐 수 있게 여름 짓는 철이 바로 여름입니다.

가을은 '가실'과 같은 말입니다. 가실은 곡식을 거둔다는 뜻이지요. 경상도, 전라도에서는 추수나 수확이라는 말 대신 '가실하다'를 씁니다. 가실은 '갓다'에서 왔습니다. 뭘 베거나 자른다는 뜻이지요. '갓다'에서 가시개, 가새도 나왔습니다. 표준말로는 가위입니다. 가을은 누런 들판에서 벼를 베는 넉넉한 때입니다.

봄에 심고 여름에 여름 짓고 가을에 곡식을 거두고 나면 눈바람이 불고 추워집니다. 겨울입니다. 겨울은 '겨시다'에서 온 말입니다. 지금은 '계시다'라고 하지요. 곳간에 곡식을 쌓아 두고 눈바람을 피해 집에 계시는 때기 겨울입니다.

봄, 여름, 가을, 겨울이 춘하추동에 밀리지 않고 살아남아 다행입니다. 우리 겨레의 한해살이를 있는 그대로 볼 수 있으니까요. 철마다 달라지는 날씨를 거스르지 않고 수수하게 살아가는 삶 말입니다.

옛날에는 초등학교만 다니고 공부를 끝낼 때가 많았습니다. 먹고살기 힘들었으니까요. 농사를 짓거나 돈을 벌러 도시로 가야 했습니다. 헤어지면 다시 못 만난다고 생각했을지도 모릅니다. 졸업식 노래를 부를 때면 온통 눈물바다가 되곤 했지요. "빛나는 졸업장을 타신 언니께~"로 시작하는 바로 그 노래 말입니다.

노래를 들을 때마다 궁금한 것이 있었습니다. 오빠나 형은 쏙 빼 버리고 왜 언니만 찾는 거지? 홍명희가 지은 《임꺽정》 책을 보면 알 수 있습니다. 이 책에서는 남자끼리도 서로 언니라고 부르거든요. 조선 시대를 배경으로 하는 드라마 〈추노〉에서도 언니라고 불렀지요. 한자말이 들어오면서 남자들끼리는 형으로 부르게 되었고, 여자에게만 언니가 남았습니다.

오빠는 '오라비'가 변해서 된 말입니다. 높여서 '오라버니'라고 부르기도 하지요. 제주도에서는 '오라방', 함경도에서는 '오라바이'라고 합니다. 모두 아빠를 뜻하는 '아비'가 들어가 있습니다. 오라비는 '올+아비'로 이뤄진 말입니다. '올'은 올벼, 올밤처럼 덜 자랐다는 뜻을 담고 있지요. 오라비는 덜 자란 아비입니다.

누나는 '누이'에서 왔습니다. 나이가 많든 적든 여자에게는 누이라고 했는데 시간이 지나면서 나이가 많을 때는 '누님'으로 불렀습니다. 누님에 부르는 말 '-아'가 붙으면 '누님아'가 되고, 줄어서 누나가 되었지요. 오누이는 오리비와 누이를 합친 말입니다.

오라비와 결혼한 사람은 올케입니다. '오라비+계집'의 준말이지요. 계집은 여자를 낮잡아 이르는 말이라 듣기에 나쁩니다. 하지만 옛날에는 계집이 욕이 아니었습니다. '계(시다)+집'이었으니까요. 사내와 짝을 이루는 말로 쓰였지요.

한류가 널리 퍼진 요즘, 《옥스퍼드 사전》에 '언니unni'와 '오빠oppa'가 등재되었다는 소식을 들었습니다. 자랑스러운 일이지요. 한류를 즐기는 이들은 그들이 사랑하는 가수나 배우들이 나올 때면 어김없이 언니, 오빠를 외칩니다.

　참!《옥스퍼드 사전》에는 '대박daebak'도 올라갔습니다. 정말 '대박'입니다.

물건을 사러 가면 얼마인지 값을 정해 놓습니다. '금'이라고 하지요. 금이 높으면 비싸고 금이 낮으면 쌉니다. 금도 제대로 모르면서 싸다고 좋아하는 사람도 있습니다.

금은 '긋다'에서 왔습니다. 처음에는 땅바닥에 막대기로 금을 그었지요. 금이 물건값으로 뜻을 옮기면서 금은 긋지 않고, 매기게 되었습니다. 가게에 가면 붙어 있는 값은 주인이 미리 금을 매겨 놓은 것이지요.

얼마라고 딱 정해 놓지 않고 허공에 금을 띄우기도 합니다. '뜬금'입니다. 뜬금이 있어야 오르락내리락 흥정을 할수 있지요. 에누리 없는 장사 없다고 손님은 금을 내리라고하고, 주인은 금을 올리려고 합니다. 흥정을 잘해야 금을 맞춰서 사고팔 수 있지요.

　장에 갔는데 주인이 금을 띄워 놓지도 않고 물건을 사라고 하면 어떨까요? '뜬금없다'는 여기서 나온 말입니다. 물건을 사라는 건지 사지 말라는 건지 속을 알 수가 없지요. 내가 생각한 값으로 살 수 있을지 어림할 수도 없습니다. 참 뜬금없는 일이지요.

　장에서 쓰던 뜬금없다가 여러 곳에 쓰이게 되었습니다. 뜬금없이 절로 들어가 스님이 되기도 하고, 자다가 뜬금없이 봉창을 두드리기도 합니다. 아무 말 없다가 뜬금없이 따지면 뭐라고 대꾸할 말이 없지요. 뜬금없이 돈이 생길 때도 있는데, 이럴 때는 뜬금없어도 좋기만 합니다.

　비슷한말로 '턱없다'가 있습니다. 턱은 사람 몸에 있지요. 얼굴에서 목까지 곧장 가지 않고 툭 튀어나와 있습니다. 문턱, 산 중턱처럼 튀어나와서 걸리는 곳도 턱입니다. 튀어나와 있으니 거기까지 거리나 양을 뜻하는 말로도 썼습니다. '십리 턱은 되는 거리'라거나 '쌀 한 말 턱'으로 썼습니다.

　턱없다는 정해 놓은 턱이 없다는 말입니다. 얼마나 가야 하는지, 어디로 가는지 헤아려 보지도 않고 턱도 없이 길을 가는 사람도 있고, 턱없는 거짓말을 늘어놓기도 하지요. 한자말로는 무턱인데, 내 말은 듣지도 않은 채 무턱대고 소리를 치는 사람 때문에 짜증이 솟기도 합니다.

　'어림없다'도 같은 뜻입니다. 어디까지인지 어림짐작이 없다는 말이지요. 어림없는 일에 한평생을 바치는 사람이 있었습니다. 어리석은 사람, '우공'입니다. 마침내 우공은 산을 옮기고 길을 내었습니다. 우리 역사에서도 새길을 내는 건 언제나 어림없는 사람이었습니다.

풀치는 왜

갈치를

엄마라고 불렀나

갈치를 사면 주로 구워 먹었습니다. 연탄불 석쇠 위에 토막 낸 갈치를 올려놓고 뒤집어 가며 굽다 보면 온 동네에 냄새가 퍼집니다. 한눈을 팔기라도 하면 도둑고양이들이 냉큼 물어 갈 때도 있었지요.

무를 토막 내어서 된장과 고춧가루로 맛을 내면 얼큰한 갈치조림이 되고, 갓 잡은 갈치는 썰어서 회로 먹기도 합니다. 갈치회는 육지에서는 좀체 맛보기 힘든 귀한 음식입니다.

맛있는 갈치가 '칼'에서 나온 말이라는 건 모르는 사람이 많습니다. 하지만 갈치 생김새를 떠올려보면 금세 알 수 있지요. 갈치는 몸이 길쭉하고 반짝반짝 은빛을 띠고 있어

31

서 옛날 장군들이 차고 다니던 칼과 닮았습니다. 칼에 물고기를 뜻하는 토박이말 '-치'가 붙어서 '칼치'가 되었지요. 그래서인지 우리나라에서는 아직도 칼치로 부르는 사람이 많고 북한에서도 칼치라고 합니다.

전라도에서는 갈치 새끼를 '풀치'라고 부르는데 그것도 모양을 본떠서 이름을 붙였습니다. 외떡잎식물의 이파리처럼 길쭉해서 풀치라고 합니다. 풀이었다가 자라서 칼이 되는 물고기가 바로 갈치인 셈이지요.

꽁치, 삼치, 날치, 넙치, 멸치, 준치, 가물치, 참치도 '-치'가 붙은 물고기 이름입니다. 어떤 뜻이 담겨 있을까요?

넙치의 한자 이름은 요즘 횟감으로 많이 쓰는 광어입니다. '넓을 광廣' 자를 쓰니까 넓은 물고기 또는 넙데데한 물고기쯤 되겠네요. 날치는 딱 들으면 알 수 있듯 물 위를 날아다녀서 붙은 이름이지요.

가물치는 물이 마르거나 물 밖에서도 며칠 동안 살 수 있다고 합니다. 가물어도 잘 살아가니까 가물치겠지 생각하는 사람이 많습니다. 하지만 가물치 이름은 어둡고 검은 몸빛깔에서 따왔습니다. 거무스름한 빛깔을 보면서 '검은(가물)+물고기(치)'라고 부르게 되었지요.

참치는 다른 이름으로 참다랑어입니다. 마트에 가면 통

조림으로 파는데 사실 참치 통조림엔 참치가 없습니다. 참다랑어보다 싼 가다랑어나 날개다랑어가 들어 있지요. 참다랑어는 크고 비싸서 주로 횟감으로 씁니다.

참다랑어는 다랑어에 앞가지(접두어) '참-'이 붙어서 된 말입니다. 참나리, 참꽃, 참가자미, 참외, 참깨, 참복 같은 것들도 모두 '참-'이 붙어 있지요. 주로 크고 탐스럽거나 맛있는 것에 붙입니다.

그럼 작고 볼품없는 것에는 뭘 붙일까요? 앞가지 '개-'가 붙습니다. 참꽃은 먹을 수 있지만 개꽃은 먹을 수가 없고, 참나리와 비슷하게 생겼지만 개나리는 훨씬 작지요. 개가자미, 개떡, 개살구, 개복숭아도 비슷한 뜻입니다.

맛있고 비싼 참치가 있으니 맛없고 싼 개치도 있을 것 같습니다. 하지만 아직 그런 물고기가 발견되었다는 소리는 듣지 못했지요. 아무도 가 보지 못한 깊은 바닷속, 어둠 속을 유유히 헤엄치고 다니는 건 아닐지 모르겠습니다.

울도
담도

없는 집

　'진주난봉가' 첫머리에 '울도 담도 없는 집'이 나옵니다. 말 그대로 울타리도 담벼락도 없는 가난한 집이지요. 그런 집에서 검은 빨래 검게 빨고, 흰 빨래 희게 빨며 시집살이하는 고된 며느리 노래를 들을 때면 저절로 눈시울이 붉어집니다.

　울은 풀이나 나무로 두르고, 담은 흙이나 돌로 쌓습니다. 아마 울이 먼저 생겼겠지요. 울에서 '우리'가 나옵니다. 풀이나 나무를 엮어 가축을 가두는 곳 말입니다. 가끔 사나운 사자나 호랑이를 사로잡아 가두기도 하지요.

　울타리를 치고 그 안에서 같이 살아갈 수도 있습니다. 그때 울 안에 있는 사람들은 모두 우리가 됩니다. 우리나라,

우리 집, 우리 학교같이 씁니다. 원래는 울타리를 쳐야지 우리가 되었지만, 점차 마음속으로 울타리를 치게 됩니다. 철책으로 막혀서 마음대로 오갈 수 없지만 북녘 동포들도 같은 '우리' 안에 있는 '우리' 겨레입니다.

풀이나 나무로 엮어서 둘러치지 않고 실 같은 것으로 가늘게 울타리를 칠 때면 '시울'이라고 합니다. 눈을 동그랗게 둘러싼 눈시울처럼 말이지요. 눈시울이 붉어졌다거나 눈시울이 젖었다고 할 때는 눈에서 나온 눈물이 얼굴로 흘러내리지 않고 눈가에 맺혀 있는 모양을 일컫습니다.

눈시울처럼 입시울도 입을 동그랗게 둘러쌉니다. 《훈민정음 언해본》에 '입시울 가비야본 소리'가 나오는데, 지금은 줄여서 '입술'이라고 부릅니다. '닛시울'이란 것도 있는데 이를 둘러싸고 있는 잇몸을 이르는 말이지요.

뻥 뚫린 활대에 실을 걸어 화살을 가두는 시위도 본래 시울이었습니다. 활을 가두니까 '활시울'이라고 불렀습니다. 활시울은 질기고 가느다란 실로 만듭니다. 그걸 풀면 물고기를 낚을 수 있는 낚싯줄로 쓸 수 있지요. 미끼를 꿰어 아래위로 살살 오르내리면서 물고기 눈길을 끕니다. '시울질'이라고 합니다. 시울질을 잘하는 사람이 고기를 더 많이 잡겠지요.

옛사람들은 곳곳에 시울이라는 말을 썼습니다. 포졸이 쓰는 벙거지에도 시울이 있고, 꽃에도 시울이 있어서 '꽃시울'이라고 불렀습니다. 지금은 그걸 뭐라고 부르는지 모르겠습니다. 테두리나 둘레라고 불러도 될 것 같은데, 가느다란 시울과 느낌이 다릅니다. 살려서 쓰면 좋겠다는 생각이 듭니다.

"말은 나면 제주도로 보내고, 사람은 나면 서울로 보내라."는 옛말이 있습니다. 그만큼 제주도는 말로 유명한 곳이지요. 신혼여행으로 제주도를 가면 필수 코스가 말타기였을 정도입니다. 요즘은 식용으로 말을 길러서 육회부터 구이까지 버릴 것이 없습니다.

말이 언제부터 우리나라에 들어왔는지는 모릅니다. 어디에서 들어왔는지도 알 수 없지요. 이름으로 가늠해 볼 수는 있습니다. 말을 중국에서는 '마'라고 하고, 여진어, 몽골어로는 '모린'입니다. 우리도 예전에는 '물'이라고 불렀고, 제주도에서는 지금도 그렇게 부르지요. 오래전 알타이어에서는 '몰'이라고 했다고 합니다. 이렇게 놓고 보니, 말이 어디서 왔는지 더 헷갈립니다.

몽골의 침략으로 제주도에 말이 많아졌지요. 털빛에 따라 이름도 제각각입니다. 온통 검은 빛깔인 가라말, 흰털을 가진 부루말, 붉은 털로 뒤덮인 절따말도 있습니다. 가라, 부루, 절따는 모두 몽골말에서 따왔습니다.

제주도는 조랑말이 가장 유명합니다. '조랑'은 작다는 뜻의 제주도 토박이말에서 왔습니다. 제주말로 실개천을 '조랑내'라고 부르기도 하지요. '조랑조랑'이라는 말도 있습니다. 열매가 매달린 모습을 일컫는데 '주렁주렁'보다는 작은 열매일 때 씁니다.

말과 비슷한 동물, 당나귀도 우리에게 익숙합니다. 《삼국유사》에 나오는 '임금님 귀'의 주인공이지요. 당나귀는 당면, 당초, 당나발처럼 앞에 '당'이 붙었습니다. 당나라에서 들어온 나귀라는 뜻입니다.

수당나귀와 암말 사이에 난 새끼는 노새입니다. 중국어나 몽골어에서도 비슷한 소리가 나는 것으로 보아, 아시아 전역에서 같은 이름이 아니었나 싶습니다. 반대로 암당나귀와 수말 사이에 태어난 새끼는 버새입니다. 성질이 사나워서 잘 기르지 않는다고 합니다.

노새나 버새처럼 종이 섞인 것으로 튀기와 매기가 있

습니다. 튀기는 암소와 수당나귀 사이에 난 것이고, 매기는 암소와 수퇘지 사이에 태어난 잡종을 이르는 말입니다. 솔직히 그런 동물을 본 적도 없을 뿐 아니라 그렇게 짝을 지을 수 있을까 싶습니다. 옛사람들이 상상으로 꾸며 낸 말일 것 같습니다.

과학이 발전하면 옛사람들이 상상하던 동물을 눈으로 볼 수 있을지도 모릅니다. 날개가 달린 말이라든가, 소를 닮은 돼지 같은 것들 말입니다. 그런 동물이 나타나면 노새, 버새, 튀기, 매기처럼 새로운 이름을 붙이느라 바빠질 것 같습니다.

내
곁에만

머물러요

신영복 선생님이 쓴 《감옥으로부터의 사색》에 보면
좁은 감옥에서 더운 여름을 보내는 이야기가 나옵니다. 옆
사람을 37℃의 열 덩어리로 느끼며 증오하게 된다고 말이
지요. 너무 가까우면 형벌일 수 있습니다.

우리 몸에도 그런 곳이 있습니다. 겨드랑이입니다. 팔
을 내리고 있으면 몸 옆에 바짝 붙어 있지요. 겨울에는 따뜻
한 곳이지만 여름에는 더워서 땀이 흐르기 십상입니다.

겨드랑이가 줄어서 '곁'이 되었습니다. "내 곁에만 머물
러요~"로 시작하는 노래에 나오는 그 곁입니다. 곁은 겨드
랑이처럼 옆에 바짝 붙은 곳을 이릅니다. 안방에 딸린 작은
방은 곁방이고, 우물곁에서는 아낙네들이 수다를 떨기도 합

니다. 바로 옆에 있으니 슬며시 곁눈으로 볼 수도 있고, 슬쩍 곁다리로 끼어 밥 한술 얻어먹습니다. 추울 때는 모닥불 가까이에서 곁불을 쬘 수도 있지요.

가까운 자리를 뜻하던 곁이 다시 사람에게로 옮겨 갑니다. 어떤 사람이든 가까이 지내려면 속마음을 터놓아야 합니다. 곁을 준다고 하지요. 곁을 줘야지 함께 할 수 있습니다.

겨드랑이가 몸통에 딸린 것처럼 곁도 딸려 있을 때 씁니다. 곁가지는 큰 가지에 딸려 있고, 집 앞에 딸린 마당은 앞곁, 뒤에 딸린 마당은 뒤곁이라고 부릅니다. 집채 밖으로 나가면 밧곁이 있지요. 바깥의 옛말입니다. 지금도 제주도에서는 바꼍이라고 부릅니다.

곁에 있는 사람은 곁사람입니다. 결혼을 하면 아내와 남편이 서로 곁사람이 됩니다. 곁을 지키며 함께 살아갑니다. 그러다 한 명이라도 먼저 세상을 버리면 곁을 떠났다고 합니다. 곁이 비어서 허전하고 외롭습니다.

같은 책에서 신영복 선생님은 "옆 사람의 체온으로 추위를 이겨 나가는 겨울철의 원시적 우정"을 말했습니다. 여름날 주르륵 땀이 흐르는 겨드랑이는 형벌이지만, 겨울에는 그것 때문에 온기를 지닐 수 있지요. 곁을 주고 곁을 지켜야 하는 까닭입니다.

당랑거철을
아시나요

《장자》에 나오는 '당랑거철' 이야기를 아시나요?

제나라 장공이 수레를 타고 가다 사납게 앞발을 든 사마귀를 만났습니다. 사마귀를 잘 몰랐던 장공이 수레를 멈추고 마부에게 물었지요. 마부는 이름을 알려 주고, 날카로운 앞발을 들고 맞서는 습성도 가르쳐 줍니다. 장공은 사마귀가 용맹하다며 경의를 표하고 수레를 돌려 지나갔다고 합니다. 사마귀가 수레를 멈춘 이야기입니다.

실제로 사마귀는 자기보다 몸집이 큰 개나 사람이 앞에 있어도 도망가지 않고 공격 자세를 취합니다. 움직임이 둔해서 뒤로 달아날 만큼 빠르지 않기 때문이랍니다. 제나라 장공은 사마귀가 용사라며 피해서 돌아갔지만, 요즘 수

레인 자동차는 그냥 밟고 지나갑니다. 길에서 죽은 사마귀를 자주 보는 까닭이지요.

사마귀라는 이름은 어디서 왔을까요? 사람 몸에 나는 사마귀와 관계는 없을까요? 많은 사람이 알고 싶다는데 뾰족한 답은 없습니다. 그저 짐작만 할 뿐이지요.

사마귀를 잡아서 대가리를 대면 몸에 있는 사마귀를 뜯어 먹어서 이름 붙였다는 이야기도 있고, 생김새나 습성 때문이라는 말도 있습니다. 사마귀는 삼각형의 강한 얼굴이 날카롭고 커다란 앞발을 가졌습니다. 교미를 할 때는 암컷이 수컷을 잡아먹기도 하지요. 사악한 마귀라서 사마귀가 되었다는 사람도 있습니다.

움직임을 보고 이름 지은 곤충이 있습니다. 메뚜기도 그렇지요. 메뚜기는 산을 뜻하는 '뫼'에 '뛰다'가 붙은 말입니다. 산에서 뛰는 곤충이 메뚜기인 셈이지요.

방아깨비, 나비, 벌도 움직임을 보고 이름 붙였습니다. 방아깨비는 뒷발을 잡으면 쿵덕쿵덕 방아를 찧지요. 나비는 얇은 것이 바람에 나부끼는 모양을 본뜬 말 '나불나불'에서 왔습니다. 거센 느낌은 '나풀나풀'입니다. 은행의 상징으로 자주 등장하는 벌은 옛날에 '버리'였습니다. '벌다'에서 왔지요. 부지런히 꿀을 버는 벌이 왜 은행 광고에 자주 등장하는지 알 것 같습니다.

　잠자리는 잡으려고 하면 어느새 날아가서 자리를 옮깁니다. 원래 이름은 '즌자리'였지요. 자주 자리를 바꾼다는 뜻으로 이름 붙였습니다.

　다시 사마귀로 돌아갑니다. 사마귀는 다른 이름으로 버마재비입니다. 언뜻 듣기에 미얀마의 옛 이름 버마가 생각날 텐데 미얀마와는 아무 상관이 없습니다. '범+아재비'로 이뤄진 말이니까요. 아재비는 아저씨나 삼촌을 이르는 말인데, 왜 싸우다 지면 삼촌을 데려올 때가 있지 않나요? 버마재비는 범보다 더 무서운 범 삼촌뻘이라는 뜻을 담고 있습니다.

　아무리 범의 삼촌처럼 용맹해도 못 이길 것 같으면 돌아서야 합니다. 괜히 자동차에 맞서다가는 명대로 살기가 어렵지요. 사마귀가 새겨들어야 할 대목입니다.

돼지가
먹는
밤은?

　　돼지의 옛날 이름은 '돝'입니다. 강아지, 망아지처럼 새끼를 뜻하는 '아지'가 붙어서 '돼아지'였는데 줄어서 돼지가 되었습니다.

　　돼지는 원래 산에서 살았습니다. 오래전 사람이 길들여서 가축이 되었지만 지금도 산에서 스스로 먹이를 구하는 돼지가 있지요. 멧돼지입니다. 멧돼지는 산을 뜻하는 우리말 '뫼'와 '돼지'가 붙은 꼴이라 '산돼지'라고 부를 때도 있습니다. 집돼지보다 주둥이가 길고 어금니가 날카롭습니다.

　　돼지가 아닌데 돼지라고 불리는 것도 있습니다. 고슴도치입니다. 옛말은 '고솜돝'이었는데 가시와 비슷한 뜻의 '고솜'에 돝이 붙었습니다. '가시가 있는 돼지'라고 풀 수 있습니다. 그러고 보니 고슴도치 생김새가 멧돼지를 닮은 것 같습니다.

멧돼지가 겨울을 날 때 꼭 필요한 먹이가 있습니다. 도토리입니다. 참나무나 상수리나무, 떡갈나무의 열매지요. 나무에서 떨어지면 말렸다가 묵을 쑤기도 하고, 가루로 전을 부쳐 먹기도 합니다. 맛이 좋다 보니 가을이면 도토리를 줍는 사람이 많습니다. 등산 갔다가 배낭 가득 주워서 오는 사람도 있지요.

산에 먹을 것이 없어지니까 도시로 내려오는 멧돼지가 생겨났습니다. 사람을 습격할 때도 있지요. 자기 먹이를 훔쳐 가는 사람들에게 복수하는 걸지도 모릅니다. 도토리는 이름부터 돼지 것이니까요.

도토리의 옛 이름은 '도토밤' 또는 '도톨왐'이었습니다. 돼지의 옛말 돝에 밤이 붙었으니 돼지가 먹는 밤, '돼지밤'으로 풀 수 있지요. 경상도에서는 굴러다니는 밤이라고 '굴밤'이라고도 합니다. 산에 가면 막 굴러다니지만 그것도 없으면 멧돼지나 다람쥐가 겨울을 나기 어렵습니다.

크기는 도토리와 비슷하지만 단맛이 나는 개암도 밤에서 왔습니다. '개+밤'으로 이뤄진 말인데, 개복숭아, 개살구, 개나리처럼 작다는 뜻의 '개'가 앞에 붙었습니다. 작은 밤이

'개암'입니다.

　사람이 먹는 밤은 맛은 좋지만 뾰족한 밤송이에 싸여 있습니다. 나뭇가지나 집게로 밤송이를 까면 매끈하고 단단한 밤톨이 나옵니다. 밤톨 껍질을 애써 까면 속에는 또 트실트실한 보늬가 나오지요. 달라붙어서 잘 벗겨지지 않는 보늬를 떼어 내고 나면 알밤이 새하얀 속살을 드러냅니다. 아름답습니다.

　아름답다는 '알밤'과 '답다'가 나란히 이어진 말입니다. 우리 겨레 사람들은 알록달록 겉으로 드러난 빛깔이나 크고 우람하다 떠벌리는 것을 아름답다고 하지 않았지요. 티 없이 새하얀 빛깔, 시원하고 달달하며 고소한 맛, 무엇보다 깊숙이 숨어 있어서 쉽게 만날 수 없는 알밤이야말로 아름다움의 참모습으로 여겼습니다. 우리 겨레가 만든 말 중에 가장 아름다운 말인지도 모릅니다.

아니꼽냐

잘난 척하는 사람들이 있습니다. 돈이 많다고, 지위가 높다고, 공부를 잘한다고, 힘이 세다고 잘난 척을 합니다. 벼는 익을수록 고개를 숙인다는데, 저만 잘났다고 거드름 피우는 걸 보면 속이 뒤틀릴 때가 있지요. 아니꼽습니다.

아니꼽다는 '안'에 '꼽다'가 붙은 말입니다. 안은 밖과 짝을 이루는 말로 여기서는 사람의 뱃속을 뜻합니다. '꼽다'는 꼬불꼬불 고부라진 모양을 일컫지요. 큰말은 '굽다'인데 '구부러지다', '구불구불'과 뿌리가 같습니다. 그러니까 아니꼽다는 뱃속이 꼬부라진 것처럼 소화가 되지 않고 매스꺼워서 토할 것 같을 때 씁니다.

경상도에서는 아니꼽다를 '앵꼽다'라고 합니다. '아'가

'애'로 바뀌는 'ㅣ모음역행동화'가 일어난 것 같습니다. 실제로 경상도에서는 고기를 '괴기'라고 하고, 아지랑이를 '아지랭이'로 소리 낼 때가 많지요. 부산에서는 더러운 것을 보았을 때 앵꼽다고 하거나, 뭘 빌려주고 생색을 많이 내는 사람에게 "아이고, 추저바라, 앵꼬바서 안 빌리고 만다."라고 말합니다. '추접다'는 더럽다는 뜻입니다.

몹시 아니꼬울 때 배알이 꼬인다거나 밸이 뒤틀린다고 합니다. 배알은 뱃속에 들어 있는 '알'을 일컫는 말로 줄이면 '밸'이 됩니다. 뱃속에는 애, 양, 창자, 쓸개 같은 것들이 사람 목숨을 살리려고 갖가지 일을 하는데, 이런 것들이 모두 배알이지요. 먹을 것이 목구멍을 넘어가면 배알들이 차례차례 저마다 맡은 일을 해야 하는데 뒤틀리고 꼬이면 입으로 도로 튀어나올 수밖에 없습니다. 매슥매슥 아니꼬울 때와 똑같은 증상을 겪게 되지요.

예부터 써 온 이런 말들이 여태 남은 걸 보니, 지금 사람들도 더러운 꼴을 많이 보는 것 같습니다. 일터에서도 지위가 높다고 같잖은 명령을 내리는 사람이 많아서 '갑질'이라는 새로운 말도 생겨났지요. 안이 꼽지 않도록, 밸이 뒤틀리지 않도록, 제대로 소화를 시킬 수 있도록 서로 존중하며 살아갈 도리밖에 없는 것 같습니다.

사람마다 잘하는 것이 있고 못 하는 것도 있지요. 달리기는 잘하지만 헤엄은 못 치는 사람도 있고, 옷을 잘 입는 사람도 있고 못 입는 사람도 있습니다. 잘생긴 사람도 있고 못생긴 사람도 있지요.

'잘'과 '못'은 짝을 이룹니다. 잘이 못보다 좋을 것 같지만 따져 보면 꼭 그렇지도 않습니다. 술은 못 마시는 것이 건강에 좋고, 거짓말을 잘하면 못 믿을 사람이 됩니다.

잘과 못을 붙여서 '잘못'이 되었습니다. 잘 못한 것이 잘못이지요. 잘하고 잘 못한 것을 가릴 때 쓰는 '잘잘못'은 '잘+잘못'으로 이뤄졌습니다. 무엇을 잘하고 무엇을 못했는지 잘잘못을 가립니다.

'못'이 '안'과 짝을 이룰 때도 있습니다. 살찔까 봐 안 먹는 사람도 있지만, 없어서 못 먹는 사람도 있지요. 돈을 아낀다고 안 쓸 때도 있고, 없어서 못 쓸 때가 있습니다. '안'은 내 마음이 내키지 않는 것에 쓰고, '못'은 내 힘으로 어찌할 수 없을 때 씁니다.

망가져서 못 쓰는 것이 있습니다. 그릇이 그렇습니다. 깨지면 못 쓰게 되지요. '못+쓸'이 '몹쓸'이 되었습니다. 깨져서 못 쓰는 그릇은 몹쓸 그릇인 셈이지요. 처음에는 쓸 수 없는 물건 앞에 붙이다가 점차 사람에게로 옮아갔습니다. 고쳐서도 쓸 수 없는 사람은 몹쓸 사람이고, 해서는 안 되는 몹쓸 짓도 있습니다. 몹쓸 병에 걸리면 낫기가 어렵고, 시도 때도 없이 몹시 보고 싶은 몹쓸 그리움도 있지요.

그러고 보니 몹시에도 못이 들어 있습니다. '못+쓰게'가 '몹시'가 되었지요. "몹시 추운 날 몹시 가난한 흥부는 몹시 먼 형님네 가서 몹시 못된 형수에게 몹시 아프게 맞았다."라고 쓸 수 있습니다.

모자라다도 '못+자라다'로 된 말인데, 흥부는 형수에게 맞은 뺨에 붙은 밥풀이 모자라서 다른 쪽 뺨을 내놓게 됩니다. '못내' 안타까운 이야기입니다.

눈치챘겠지만 못내도 못에서 비롯되었습니다. '못+내'

입니다. 뒤에 붙은 '내'는 겨우내, 저녁내, 내내같이 '~하는 동안'을 뜻합니다. '못내 울었다'는 참으려 했지만 참지 못하고 울었다는 뜻이지요. '끝내 울었다'나 '마침내 울었다'와 바꿔 쓸 수 있습니다.

그러나 내 의지로 어찌할 수 없다는 뜻의 못 때문에 못내는 어찌할 수 없을 때 씁니다. 시도 때도 없이 생각나는 몹쓸 그리움을 참지 못할 때 못내 그립고 마는 것이지요.

함께 일을 하다 보면 괜히 엇나가는 사람이 있습니다. 있는 대로 받아들이지 않고 훼방을 놓을 때도 있지요. 그럴 때 어깃장을 놓는다고 합니다.

어깃장은 널빤지로 문을 짤 때 덧붙인 나무입니다. 널 빤지가 비바람에 비틀어지지 않도록 하는 구실을 합니다. 대각선으로 엇대야지 튼튼한 문을 만들 수 있습니다.

어깃장은 '어기(다)+장'으로 이뤄진 말입니다. '어기다' 는 길을 어긋나게 지나칠 때 쓰는 말인데, 요즘은 약속을 지키지 않을 때 더 많이 씁니다. 옛날에는 '어긋나다', '어그 러지다'라는 뜻으로도 썼는데 모두 한 뿌리에서 나온 말입 니다.

문짝이 어그러져서 오래되면 사이에 틈이 벌어질 때도 있습니다. '버그러지다'라고 합니다. 더 센 느낌을 주려면 '뻐그러진다'고 하지요. 그래서 강원도에서는 어깃장을 '뻐글장'이라고 부릅니다.

어기다를 줄여서 낱말 앞머리에 붙이면 '엇-'이 됩니다. 딱 들어맞지 않고 비슷할 때는 '엇비슷하다'고 말하고, 이야기가 길어지다 보면 '엇길'로 빠질 때도 있습니다. '엇박자'를 내다 보면 일이 더디게 되고 자식이 엇나가면 속이 상합니다. 평시조보다 조금 길어진 시조는 '엇시조'라고 부르지요.

뒤에 붙은 '장'은 막대기를 뜻합니다. '띳장'은 울타리나 문에 가로로 대는 띠 모양 막대기를 가리키고, 들보에 쓰는 기다란 나무를 '봇장'이라고 하지요. 대들보의 봇장은 더 길고 두껍습니다.

빗장은 문을 닫고 나서 잠그는 막대기입니다. 여닫이문에 빗장을 걸어 놓으면 힘을 줘도 열 수가 없습니다. 대문에 빗장을 질러 놓으면 사람이 오갈 수 없듯 마음에도 빗장을 걸 때가 있습니다. 마음을 나눌 수가 없으니 외롭고 쓸쓸합니다.

살다 보면 괜히 어깃장을 놓을 때가 있습니다. 마음에

들지 않으니까 그렇지요. 꼭 나쁘다고만 할 수는 없습니다. 이런 생각, 저런 생각이 어울리고 부딪히는 것이 세상이니까 말입니다. 그래도 마음의 빗장을 걸지는 말아야 하겠습니다.

사람 몸을 지탱하는 건 몸통입니다. 가슴과 배로 이뤄졌지요. 가슴에는 피를 걸러 내서 온몸으로 보내는 허파와 염통이 있습니다. 가슴이 답답하거나 숨을 잘 쉴 수 없으면 허파나 염통에 문제가 생긴 것이지요.

몸의 일을 하던 허파가 마음에 걸리면 이름이 달라집니다. '부아'입니다. 억울하고 분한 마음을 '부아가 난다', '부아가 뒤집힌다'고 합니다. 부아가 치밀거나 끓어오르면 숨을 길게 여러 번 내쉬면서 삭혀야 합니다.

왼쪽 가슴 아래에 있는 심장은 토박이말로 염통입니다. 밤낮없이 뛰며 살아 있다는 느낌을 주지요. 염통에 문제가 생겨 팔딱팔딱 뛰던 것이 멈추는 병이 '염병'입니다. 빨리 심폐소생술을 해야 하는데, 옛날에는 그런 것도 몰랐을 겁니다. 한 번 걸리면 살아나기 어려운 무시무시한 병이었지요. '염병하다'라는 욕이 여기서 나왔습니다. 앞에 발작한다는 뜻의 '지랄'을 붙이면 '지랄 염병'이 됩니다.

배로 내려오면 맨 먼저 양이 있습니다. 한자말로는 위라고 하고, 밥 먹은 것이 들어간다고 밥통이라고 할 때도 있지요. '양껏 먹어라'나 '양이 차지 않는다'고 할 때 바로 그 양입니다.

찌꺼기를 거르거나 술을 해독하는 간은 토박이말로 애입니다. 마음을 다해 일을 할 때 애쓴다고 하고, 일이 되도록 하느라 애를 먹습니다. 애타게 소식을 기다릴 때도 있고, 보고 싶어도 보지 못하면 애달픈 마음이 됩니다. 그러다 새까맣게 애간장이 타면 간암이라는 몹쓸 병에 걸리기도 하지요. 살리지도 죽이지도 못하는 애물단지도 애에서 왔습니다.

누구에게나 애물단지 하나쯤은 있습니다. 겉으로는 별것 아닌 것 같지만, 막상 쥐고 있으면 생각보다 까다롭고 속을 썩이는, 그런 것들 말이죠. 하지만 그 애물단지가 없다면 일상이 조금은 허전할지도 모릅니다.

"낳으실 제 괴로움 다 잊으시고"로 시작하는 '어머님의 마음'이라는 노래가 있습니다. 이어지는 노랫말은 "기르실 제 밤낮으로 애쓰는 마음"입니다. 모두 지나간 일을 돌아보는 노랫말이지요. '제'가 들어 있기 때문입니다.

제는 '적에'가 줄어서 된 말입니다. 노래를 본래 말로 되살리면 '낳으실 제'가 아니라 '낳으실 적에'가 되겠지요. 제는 때와 마찬가지로 시간을 나타냅니다. 지나온 어린 시절은 '어릴 제'이고, 지나온 날은 '어제', 그보다 앞날은 '그제'입니다. 지금 이 시간은 '이제'라고 하지요.

잘 모를 때는 언제입니다. 물어보는 말 '어느'에 '제'가 붙어서 '어느제'였는데 언제로 줄었습니다. "언제 아이를 낳

았니?", "우리 언제 만날래?"처럼 씁니다.

언제에서 나온 말들이 있습니다. '늘'과 같은 뜻으로 쓰는 '언제나'가 있고, 어느 때든 상관없다는 뜻으로 '언제든지'가 있지요. 풀이말로 쓰던 '언제인가?'는 줄어서 '언젠가'가 되었습니다.

시간을 나타내는 말로 '께'도 있습니다. 그믐께, 주말께처럼 쓰는데 '그믐 즈음에', '주말 즈음에' 정도로 볼 수 있습니다. 어제나 그제 대신에 어제께나 그저께로 쓰기도 합니다.

그제와 어제를 지나면 오늘이 됩니다. 오늘이 지나고 나면 내일, 모레, 글피가 따라오지요. 오늘의 옛말은 '오늘'입니다. '이미 온 날'이라는 뜻입니다. 모레는 '아직 모르는 날', 글피는 '그 앞 날'이라고 풀 수 있습니다.

모두 토박이말인데, 내일만 한자말입니다. 원래 우리말이 있었는데 내일이라는 한자말에 밀려서 지금은 아무도 쓰지 않게 되었지요. '올제'입니다. 《계림유사》에 나오는데 한자말을 빌려 쓴 것이라 소리가 정확하지는 않습니다. 다만 '올 때'나 '올 적에' 뜻으로 썼으니, '올제'라고 불러야 할 것 같습니다. 아무도 쓰지 않으니 사전에도 오르지 못한 서글픈 말입니다.

언제인지는 모릅니다. 중국 한자말이 힘이 세던 때처럼

우리 겨레가 쓰던 토박이말이 힘이 세지면 좋겠습니다. 그러면 내일이 올제를 밀어낸 것처럼 올제가 내일을 밀어내고 그 자리를 차지하게 되겠지요. 언젠가 그런 올제가 오기를 바랍니다.

3·1 만세 운동 하면 떠오르는 인물이 있습니다. 유관순 열사입니다. 옥에 갇혀 있으면서도 만세를 외치다 모진 고문으로 돌아가시고 말았지요. 유관순 열사가 일제 헌병에게 붙잡힌 곳은 아우내 장터였습니다.

아우내는 '아우르다'에서 왔습니다. 여럿을 모아 한 덩어리가 되게 한다는 뜻이니까, 3·1 만세 운동을 벌이기에 딱 맞는 이름이지요. 하지만 만세 운동이 있기 전부터 이어져 온 이름입니다.

아우내에서 뒤에 붙은 '내'는 물길입니다. 개천에서 흘러온 물이 내가 되고 내와 내가 어우러져 강이 되지요. 아우내는 잣밭내와 치랏내라는 두 내가 아우러졌다고 이름 붙었습니다. 한자말로 병천입니다. 병천순대가 유명하지요.

아우르다의 큰말은 '어우르다'입니다. 여기서 '어울리다'가 나왔지요. 친구와 어울려 놀기도 하고, 이웃과 잘 어울리면 다툼이 없어집니다. 새로 산 옷이 몸에 잘 어울릴 때도 있고, 나이에 어울리게 행동하지 않으면 손가락질을 받지요.

강원도 정선에 가면 아우라지가 있습니다. "아우라지 뱃사공아 배 좀 건너 주게"라는 노랫말이 '정선 아리랑'에 나오지요. 아우라지도 아우내처럼 골지천과 송천이라는 두 내가 아우러진 곳입니다.

큰 강이 만나는 곳도 있습니다. 양수리는 태백에서 온 남한강과 금강산에서 온 북한강이 맞닿는 곳이지요. 우리말로는 '두물머리'입니다. 두 물이 만나는 첫머리라는 뜻입니다.

두물머리를 한자말로는 '합수머리'라고 하고, 북한에서는 '물어름'이라고 합니다. 《조선말대사전》에 만경대 초가집 앞으로 순화강이 대동강과 합치는 물어름이 보인다고 나와 있지요. 어름은 물건과 물건 사이 가운데를 뜻하니까 '어우르다'와 같은 뿌리에서 나온 듯합니다.

유관순 열사는 서대문형무소를 나오기 하루 전날 돌아

가셨습니다. 조금만 더 견뎠다면 살아서 감옥을 나왔을 겁니다. 고문으로 입은 상처를 치료했다면 그토록 바라던 대한 독립을 맞았을 수도 있습니다. 아우내 사람들과 어울려 오래오래 행복했겠지요. 유관순 열사를 생각하면 그때 꽃다운 나이가 떠올라 안타깝습니다.

비싸게 샀는데
기분이 좋다고?

백화점이나 마트에 가면 가격표가 있어서 제값을 주고 사지만 시장에서는 부르는 금에 따라 값이 달라집니다. 흥정도 못 해 보고 비싸게 살 때도 있고, 말 한마디 잘해서 값싸게 살 수도 있지요. 가진 돈이 모자라서 값을 다 치르지 못하면 외상으로 빚을 내기도 합니다.

남에게 돈을 꾸거나 외상값 따위를 '빚'이라고 합니다. 형편이 어려우면 자주 빚을 내고, 갚지 못해 쌓이면 빚더미에 올라앉습니다. 돈만 빚이 아닙니다. 은혜를 받기만 하면 마음의 빚이 될 때도 있지요.

지금은 갚아야 할 것을 빚이라고 하지만 옛날에는 '값'과 같은 뜻으로 썼습니다. '값+싸다'가 '값싸다'이듯, '빚+

싸다'는 '비싸다'입니다. 값이 싸면 비싸다고 했지요. 지금과 뜻이 정반대입니다.

정상이 아닌 것을 비정상이라고 하고, 인간이 아닌 것을 비인간이라고 하듯 비싸다에도 한자말 '아닐 비非'가 붙었다고 착각한 것입니다. 그렇게 오래 쓰다 보니 '싸다-비싸다'는 서로 반대말이 되어 사전에 올라갔습니다. 예전에는 비싸게 사면 기분이 좋았는데, 요즘은 비싸면 쳐다보지도 않습니다. 자기가 뭐라고 비싸게 구는 사람을 봐도 속이 상하지요.

비싸다처럼 뜻을 반대로 착각하는 말들이 있습니다. 싹아지, 싹수, 싹퉁머리는 처음 나오는 어린 싹을 이르는 말인데 '개싸가지'처럼 욕으로 쓸 때가 있습니다. 재수도 그렇지요. 원래는 재물이 생길 운수라는 뜻인데 '왕재수'나 '재수 옴 붙었다'처럼 운수가 나쁠 때 씁니다. 싹아지나 재수 입장에서는 좀 억울할 것 같습니다.

병아리는 달걀에서 깨어납니다. 요즘은 부화기가 있어서 저절로 병아리가 되지만, 예전에는 어미 닭이 스무날 정도 품어야 병아리가 되었지요.

어미 닭이 달걀을 품는 모습을 보고 '품다'란 말을 지었습니다. '가슴을 벌려 안다'는 뜻이 있지요. 더 정확하게 말하면 '알이 깰 때까지 가만히 안고 있다'쯤 될 것 같습니다. 어미 새가 알을 품듯이 엄마가 아기를 품거나 가슴에 가방을 품을 수 있습니다. 다른 사람이 보지 않도록 칼을 품을 수도 있지요.

물건이나 알을 품던 것이 생각이나 느낌으로 옮겨 갔습니다. 이루고 싶은 꿈을 품을 수도 있고, 사랑하는 마음을 품을 수도 있습니다. 불만을 품거나 의문을 품고 앙심을 품기도 합니다. 가슴에 품은 것들은 달걀이 병아리로 깨어나듯 때가 되면 품 바깥으로 나옵니다.

품다에서 '품'이 나옵니다. 엄마 품은 따뜻하니까 아기가 잠들기 쉽고, 품속에 무엇이든 넣어 둘 수 있지요. '품 안의 자식'이라는 말도 생겼는데, 품고 있을 때는 부모 말을 잘 듣다가 품 바깥으로 나가면 제 뜻대로 한다는 뜻을 담고 있지요.

품이 넓다거나 넉넉하다고 말할 때도 있는데, 이때는 두 가지 뜻이 있습니다. 윗옷이 넉넉하다는 뜻도 되고, 마음이 넓다는 뜻으로 쓸 때도 있습니다. 조국의 품에 안긴다거나 가족의 품속에서 지낸다고 할 때는 마음속 품이 넓다는 뜻이지요.

좁은 품도 마찬가지입니다. 품이 좁은 옷은 동생에게 물려줘야 하고, 마음속 품이 좁으면 사람들과 어울려 지내기 어렵습니다.

품다와 비슷한 뜻으로 '안다'가 있습니다. 품다에서 품이 나왔듯이 안다에서 '안'이 나왔습니다. 안은 한 글자 낱말이어서 안방, 안뜰, 안채처럼 다른 말과 붙여 쓸 때가 많습니다. 아내, 아녀자, 아낙네에도 안이 들어가는데 집안일을 많이 해서 그런 것 같습니다. 갈비 안쪽에 있는 안심도 안이 들어 있습니다. '안+심'으로 이뤄진 말인데, 여기서 '심'은 힘이나 힘줄을 뜻합니다.

'안타깝다'에도 안이 들어 있습니다. '안+답답하다'로 된 말인데 겉으로 드러내지 못하고 속으로만 답답한 모양을 이릅니다. 숨이 막힐 듯 애가 타는데도 겉으로 드러내지 못하니 얼마나 답답할까 싶습니다. 안타깝다라는 말에는 그런 안타까운 마음이 담겨 있지요.

선부른 고백이

사랑을

떠나게 하고

가을이 되면 맛있는 것이 많습니다. 배와 사과도 한여름 뙤약볕을 이기며 나날이 여물어 가고, 떫기만 하던 땡감도 슬슬 단물이 듭니다. 열매가 익어 가지요.

익다는 열매나 곡식이 먹기 좋게 여무는 것을 말합니다. 처음에는 햇볕을 받아서 익은 것에만 썼지만 나중에는 삶거나 구운 것에도 쓰게 되었습니다. 숯불에 고기를 익히거나 고구마나 감자를 익혀서 먹었습니다. 장이나 젓갈을 담그거나 술을 빚어서 먹기 좋게 되었을 때도 잘 익었다고 하지요. 무엇이든 먹기 좋게 되었을 때 익었다고 합니다.

잘 익으려면 시간이 필요합니다. 열매도 익으려면 계절을 견디며 해를 받아야 하고, 오래 익혀야 맛있는 술이 됩니다. 사람이 하는 일도 그렇습니다. 요리도 잘하려면 일이 손에 익어야 하고, 몇 번이고 봐서 눈에 익어야 어떤 칼과 도마를 쓸지 알 수 있습니다. 귀에 익은 노래를 흥얼흥얼 따라 부르면서 말이지요. 낯익은 양념으로 한다면 맛을 더 잘 낼 수가 있겠지요.

낯익다는 얼굴을 뜻하는 '낯'과 '익다'가 붙은 말입니다. 여러 번 겪어서 언뜻 봐도 알아볼 수 있을 정도가 되면 낯익다고 하지요. 짝을 이루는 말은 '낯설다'입니다. 살고 있던 곳을 떠나면 모든 것이 낯설어지지요. '낯익다-낯설다'가 짝이듯 '익다'와 짝이 되는 말은 '설다'입니다. 뜸을 적게 들이면 밥이 설고, 빨리 마시려고 술통을 일찍 따면 술도 설게 됩니다. 선잠을 자면 작은 소리에도 깨기 쉽고, 선무당이 사람을 잡습니다.

익을 만큼 익어서 물러진 것을 무르익다고 합니다. '무르다'와 '익다'가 붙어서 된 말입니다. 딱딱하던 땡감이 단감이 되고 물컹물컹 이가 잘 들어갈 정도면 무르익은 것이지요. 사람의 일도 무르익고 나면 일사천리입니다. 사랑이 무르익으면 결혼을 하게 되고, 평화가 무르익으면 통일도 먼일이 아닐 겁니다.

무르익기도 전에 덤비는 모양새를 '섣부르다'라고 합

니다. 옛말은 '설우르다'였는데 '설다'에서 온 말이지요. 섣부른 고백이 사랑을 떠나게 하고, 섣부른 도발 때문에 통일이 늦어집니다.

바쁜 세상일수록 은근한 기다림이 필요합니다. 감이 무르익어서 떨어질 때까지, 고슬고슬 밥이 익을 때까지, 사랑이 무르익어 마음을 움직일 때까지 말입니다.

원조
불멍

　부엌에서 먹을 걸 만듭니다. 밥도 짓고 국도 끓입니다. 밀가루를 풀어서 전을 부칠 수도 있지요. 그러려면 불이 있어야 합니다. 요즘은 전기로 솥을 데우는 집도 많아졌지만, 예전에는 직접 불꽃이 올라오는 것으로 밥을 지었습니다. 가스로 불을 때는 가스레인지도 있고, 더 앞에는 석유 풍로나 연탄불로 밥을 했습니다. 선녀와 결혼한 나무꾼이 해 온 나무를 땔 때도 있었지요.

　부엌은 나무로 불을 땔 때 생긴 말입니다. '불+섭'이 부엌이 되었지요. '섭'은 '섶'의 옛말입니다. 잎이나 잔가지를 뭉친 것으로 굵은 나무를 태우기 전에 불쏘시개 노릇을 합니다. '섶을 지고 불로 들어 간다'는 옛말도 있지요. 불과 섶이 있는 곳을 부엌이라고 부른 겁니다.

불을 쓰다 보니, 부엌에는 불과 이어진 말이 많습니다. 불을 헤치거나 땔감을 밀어 넣는 데 쓰는 부지깽이가 있고, '불'과 '삽'이 붙은 부삽, 솥을 걸어 두는 부뚜막도 있지요. 모두 부엌처럼 불에서 'ㄹ'이 떨어져 나갔습니다.

부뚜막은 불이 뚫고 나오는 곳 주위를 넓고 평평하게 쌓은 곳입니다. 불이 뚫고 나온다고 부뚜막으로 부르게 되었지요. 마당처럼 평평해서 거기다 도마를 놓고 고기나 무를 썰 수 있습니다.

부뚜막 아래에 아궁이가 있습니다. 사람 몸에 입처럼 땔감이 들어가는 입이지요. 옛날에는 입을 '악'이라고 불렀습니다. 입을 벌려 소리를 지르면 악쓴다고 하고, 병아리처럼 뒤에 '-아리'를 붙여서 '아가리'가 되었습니다. 입이 큰 참개구리는 '악머구리'라고 이름 지었고, 입이 큰 물고기는 '아귀'가 되었습니다. 아궁이도 옛날에는 물고기 이름과 같은 아귀였습니다. 입이 커서 그렇게 불렀나 봅니다.

아궁이는 방바닥 밑으로 쭉 이어집니다. 고래 사이에 연기가 지나가고 그 위에 넓적한 돌을 놓으면 구들장이 됩니다. 불길이 다니는 골짜기를 만드는 고래는 '골'에서 왔고, 따뜻하게 구운 돌, 구들장은 방을 데웁니다. 한번에 밥도 짓고 방도 데우지요. 우리 겨레의 지혜가 담긴 건축 양식입니다.

　겨울에는 밥을 짓지 않을 때도 불을 때지요. '군불'을 땐다고 합니다. 식구들이 따뜻하게 잘 수 있도록 군불을 때면서 멍하니 아궁이 속을 들여다보게 됩니다. 이리저리 흔들리는 불길이 마음을 따뜻하게 데웁니다. 하루 종일 집안일 하느라 어지럽던 마음도 차분하게 가라앉지요. 요즘 말로 '불멍'입니다. 그러고 보니 불멍은 오래전 부엌을 지키던 우리네 어머니, 할머니가 뿌리인 것 같습니다. 불멍 때문에 힘든 시절을 견뎠는지도 모르지요.

된트림 하다
된방망이 맞을라

'묽다'와 짝을 이루는 말은 '되다'입니다. 묽다는 물기가 많다는 뜻이니, 되다는 물기가 없어서 빡빡한 것입니다. 죽을 오래 쑤면 된죽이 되고, 물기가 없는 장을 된장이라고 합니다. 간장은 메주를 소금물에 담가 우려내서 만드는데 간장을 모두 덜어 내고 남은 메주로 된장을 담급니다. 간장은 종지에 담아 놓으면 찰랑거리지만 된장은 빡빡하게 뭉치지요.

밥을 지을 때는 물을 잘 맞춰야 합니다. 밥물을 너무 많이 부으면 질척질척한 진밥이 되고, 적게 부으면 메마른 된밥이 되지요. 된밥은 고들고들하다고 '고두밥'이라고도 합니다.

늦가을 물기 많은 서리는 '무서리'라고 하고, 한겨울 메마른 서리는 '된서리'입니다. 갑작스럽게 내리는 된서리는 미리 막을 수가 없어서 안타깝습니다.

소리도 물기 없이 되게 낼 수 있습니다. 목구멍에 힘을 주면 숨이 적게 드나들어서 높은 소리가 나지요. '된소리'라고 합니다. 이렇게 된소리처럼 힘이 많이 들어가는 것 앞에 '된-'이 붙게 되었습니다. 매섭게 부는 바람은 '된바람'이고, 푹푹 찌는 더위를 '된더위'라고 합니다. 반대로 너무 추우면 '된추위'라고 하지요. 불이 세어서 솥에 김이 많이 나면 '된김'이 되고, 소화가 안 될 때는 힘을 줘서 '된트림'을 하게 되지요. 속이 시원해진다고 된트림을 자꾸 하다 보면 '된방망이'를 맞을 수도 있으니 조심해야겠습니다.

물기가 적은 것에 쓰던 '되다'가 사람에게로 갑니다. 운동을 너무 많이 하거나 힘이 들 때 쓰지요. "아이고, 되다!" 한숨이 나오면 앉아서 숨을 좀 돌려야 합니다.

그림씨(형용사) '되다'에서 어찌씨(부사) '되게'가 나옵니다. 세상에는 되게 멋진 사람도 있고, 되게 못난 사람도 있지요. 되게 일을 하면 되게 목이 탈 때도 있습니다. 그때는 되게 시원한 물 한 사발을 되게 빨리 마시면 속에서 되게 탈이 날 수도 있습니다.

되게와 같은 뜻으로 '되우'와 '된통'이 있습니다. 셋 다 널리 쓰이기 때문에 모두 표준어로 삼습니다. 하지만 된통은 나쁜 뜻으로 쓸 때가 많습니다. 거짓말이 된통 걸릴 때도 있고, 선생님께 된통 혼날 때도 있지요. 그러면 되게 속이 상할 것 같습니다.

이랑

옆에

고랑

_____

_____

이른 봄이면 밭일을 시작합니다. 밑거름을 주고 밭을 갈지요. 날이 더 풀리고 거름 냄새가 좀 가시면 괭이로 땅을 일궈 고랑과 이랑을 만듭니다. '고랑-이랑'은 짝을 이루는 말입니다.

한 번 들으면 느낌으로 알 수 있는데, 오히려 사전을 찾아보면 더 헷갈립니다. 사전에는 두둑하게 쌓은 곳을 이랑이라고 했다가 또 고랑과 두둑을 아우르는 말이라고 합니다. 하지만 두둑은 밭과 밭 사이, 논과 논 사이를 가르기 위해 둑처럼 쌓은 것을 이르지요. 밭에 쌓으면 밭둑, 논에 쌓으면 논둑, 강에 쌓으면 강둑이 됩니다.

이랑은 '일다'에서 왔습니다. 일다는 '땅이 일다, 불꽃이 일다, 보풀이 일다, 물결이 일다, 바람이 일다'처럼 쓰는데 위로 올라가거나 솟아나는 것을 뜻합니다. 사물에 쓰던 일다가 나중에는 사람에게로 옮겨 갑니다. '사랑이 일다, 그리움이 일다, 논란이 일다'처럼 말이지요.

일다에서 '일구다'가 나왔습니다. 가운데 '-구'가 붙어서 '~하게 하다'란 뜻을 더해 주는데, 일구다는 '일게 하다'란 뜻이 됩니다. '솟다-솟구다', '돋다-돋우다'와 같은 관계입니다. 살살 돋우면 화가 돋듯이, 괭이로 밭을 일구면 땅이 일어나서 이랑이 됩니다. 이랑은 밭에서 볼록하게 솟아오른 부분을 일컫는 말이지요.

이랑과 짝을 이루는 고랑은 골, 골목, 고샅, 골짜기와 뿌리가 같습니다. '골다'에서 왔지요. 괭이로 골을 파서 골짜기처럼 꺼진 것이 고랑입니다.

밭에서만 고랑을 파는 것은 아닙니다. 빗물이 고이지 않도록 길가에도 골을 내는데, 거기 흘러가는 물을 '고랑물'이라고 합니다. 경상도에서는 '꼬랑물'이라고도 하는데, 집에서 쓰고 버리는 물도 고랑으로 흘러가기 때문에 더러운 구정물과 같은 뜻으로 씁니다. 고랑물이 흘러가서 서로 만나면 폭이 더 넓은 '거랑'이 되는데, 고랑의 큰말입니다.

이랑과 고랑처럼 이물과 고물도 서로 짝을 이룹니다.

배를 저어 가다 보면 배 앞쪽은 위로 뜨고 뒤쪽은 가라앉기 때문에 앞쪽을 이물, 뒤쪽을 고물이라고 합니다.

　‘고랑이 이랑 될 날이 있다’는 옛말이 있습니다. 한해 내내 꺼져 있던 고랑도 해가 바뀌고 다시 밭을 갈면 불룩한 이랑이 될 수 있다는 뜻이지요. 지금 내 삶이 고랑이라고 여기는 사람도 언젠가 이랑처럼 일어날 수 있습니다. 희망을 잃지 않아야 되겠습니다.

비 그친 저녁 하늘에 무지개가 뜨곤 합니다. 무지개는 하늘에 있는 물방울이 햇빛에 부딪혀 생기는데 빨주노초파남보 일곱 빛깔로 알려졌지요. 하지만 실제로는 일곱 빛깔 사이에 끼어 있는 수많은 빛깔이 사람 눈에 잘 보이지 않을 뿐이랍니다.

무지개는 물에서 'ㄹ'이 떨어져 나가고 뒤에 지게가 붙어서 된 말입니다. '물+지게'로 이뤄졌는데 '물로 된 지게문'이라는 뜻이지요. 지게문은 한옥에서 안방과 마루 사이에 흔히 다는 문입니다. 옛사람들은 무지개를 드나들 수 있는 문으로 여겼나 봅니다.

무지개처럼 앞에 물이 붙은 말 중에는 무소도 있습니

다. '물＋소'로 이뤄졌는데 마찬가지로 물에서 'ㄹ'이 떨어져 나갔지요. 무쇠에도 물이 들어 있습니다. 불을 때면 물처럼 잘 녹아서 주조하기 쉽습니다. 무쇠솥이나 무쇠 화로를 만들지요. 원래는 무른 쇠라는 뜻으로 썼지만, 지금은 '무쇠 팔, 무쇠 다리' 노랫말처럼 단단하다는 뜻으로 바뀌었습니다.

무논은 물이 고여 있는 논이고, 축축한 진눈깨비를 남부지방에서는 '무눈'이라고 부릅니다. 겨울이 오기 전 처음 내리는 서리도 물기가 있어서 '무서리'라고 부르고, 비가 많은 여름에 기승을 부리는 무좀도 물과 좀이 붙은 말입니다. 좀은 이불 같은 것을 잘게 파먹는 벌레인데, 이런 행동을 '좀먹다'라고 합니다. 부정부패를 일삼는 탐관오리는 깨작깨작 백성들 삶을 좀먹지요.

무척 더운 날을 이르는 '무덥다'에도 물이 들어 있습니다. 한여름에 습도가 높으면 더 덥게 느껴지지요. 초고추장에 무쳐 먹으면 맛있는 미나리도 물에서 왔습니다. 물속에서 자라서 그렇게 이름을 붙였는데, '무'에서 '미'로 바뀌는 과정은 잘 알려지지 않았습니다.

물에서 'ㄹ'이 떨어져 나간 말도 있지만, 그대로 살아 있는 말도 많습니다. 물비늘, 물오리, 물방울, 물병, 물놀이 같은 말입니다.

    불도 마찬가지인데, 부삽, 부지깽이, 부리나케, 부랴부랴 같이 'ㄹ'이 떨어져 나간 말도 있고, 불나비, 불장난, 불벼락처 럼 붙어 있을 때도 있지요. 도대체 언제 'ㄹ'이 떨어져 나가는 지 알쏭달쏭 모르겠습니다. 어떤 규칙이 숨어 있을까요?

가마솥에
누룽지

요즘은 전기나 가스로 밥을 하지만 옛날에는 부뚜막에 가마솥을 걸고 밥을 했습니다. 할머니부터 손자까지 식구가 많아서 커다란 가마솥이 아니면 넉넉하게 먹을 수 없었지요. 워낙 크고 무거워서 솥을 들어내어서 씻기도 힘들었습니다. 밥을 다 퍼내고 나면 물을 붓고 다시 데워서 숭늉을 끓였습니다. 구수한 숭늉도 먹고 설거지도 되니까 딱 좋습니다.

가마솥은 가마와 솥이 붙어서 된 말입니다. 솥은 밥을 하는 솥단지를 가리킬 것 같은데, 앞에 붙은 가마가 어디서 왔는지 아리송합니다. 도자기나 옹기를 굽는 것도 가마라고 하고, 찜질방에 가면 땀을 빼는 불가마도 있으니 어쩐지 관계가 있을 것 같습니다.

가마솥의 가마도, 불가마도, 옹기 가마도 모두 같은 뿌리에서 나왔습니다. 바로 옛말 '감다'입니다. 지금으로 치면 검다는 뜻이지요. '깜깜하다-껌껌하다' 사이처럼 옛날에는 '감다-검다'도 같은 말이었습니다. 검은콩을 '가믄 콩'이라고 불렀고, 천자문을 욀 때도 '가믈 현'이라고 했습니다.

사람 머리 꼭대기에도 가마가 있습니다. 사람마다 한 개가 있지만 두 개 있는 사람도 있어서 그걸 쌍가마라고 부릅니다. 검은 머리에 한가운데 있으니, 이것도 '(빛깔이) 검다'에서 온 말이라고 짐작하기 쉽습니다. 하지만 머리에 있는 가마는 '빙 돌아 감는다'는 뜻의 '감다'에서 왔습니다. 머리카락을 돌돌 감고 있는 모양에서 나왔지요.

옛날에는 가마에서 이마까지 하얗게 가르마를 타곤 했습니다. 가마에서 가르마를 타지만 가르마는 '감다'와 관계가 없습니다. 머리카락을 두 갈래로 가른다고 가르마가 되었습니다.

두 쪽을 똑같이 나눠 타던 가르마가 요즘은 많이 달라졌습니다. 아예 가르마를 타지 않는 더벅머리도 있고, 3 대 7이나 2 대 8로 비스듬히 가르마를 타기도 합니다. 가르마가 아주 많은 레게머리도 있지요. 어떤 가르마를 타야 멋이 날지, 나만의 맵시를 찾아보세요.

오 분

전이네

예전에는 어린아이가 똥을 누면 개가 와서 냉큼 먹었습니다. '똥개'라고 불렀지요. 어떤 똥개는 자기가 눈 똥을 먹기도 했습니다. 거기서 '개차반'이라는 말이 나왔습니다. 개차반은 '개'에 음식을 뜻하는 한자말 '차반'이 붙은 말입니다. 개가 먹는 밥, '개밥'이라는 뜻입니다. 어딜 가나 개차반이 한 명씩은 있지요.

'개'는 낱말 앞에서 다양하게 쓰입니다. 야생에서 자라거나 질이 떨어진다는 뜻으로 개나리, 개떡, 개살구 같은 말이 있지요. 개꿈을 꾸면 재수가 없고, 아무 의미 없는 개죽음을 당하기도 합니다. 되지도 않는 수작질은 개수작이고, 망신 중에 망신 개망신도 있습니다. 술만 들어가면 개판을 치는 사람도 있습니다.

'개판 오 분 전'도 있습니다. 개와는 아무 상관이 없는 말이지요. 6·25 전쟁 때 피난민들은 먹을 게 없어서 날마다 배식을 받았습니다. 밥이 다 되면 솥뚜껑을 열어야 하는데 이것을 한자말로 '개판'이라고 했다고 합니다. 배식 시간이 다가오면 꽹과리를 치며 "개판 오 분 전이오!" 하고 외쳤다 는데 먼저 먹으려 몰려들면서 날마다 난장판이 벌어졌다고 합니다.

요즘은 '개'를 다른 뜻으로 씁니다. 개웃김, 개좋아, 개 싫어, 개진상 같은 말입니다. 개꿀도 빼놓을 수가 없지요. 원래 개꿀은 '벌집에 들어 있는 상태의 꿀'을 말했는데 요즘 은 별 노력도 없이 큰 이득을 얻었을 때 씁니다.

사료 먹는 개들이 많아지면서 똥개는 역사의 뒤안길로 사라졌습니다. 잡종개를 똥개라고 부른 적도 있지만 요즘은 '믹스견'이라는 영어 이름으로 불리지요. 짐짓 서양 견종인 척 '시고르자브종'이라고 부를 때도 있습니다. 개를 먹는 문 화도 사라지고 있지요. '개팔자가 상팔자'인 시대입니다. 개 에게는 '개편한 세상'입니다.

신바람은

어디서
불어오나

늦봄에서 초여름 사이 태백산맥을 넘어오는 바람이 있습니다. 동해에서 물기를 머금고 불어오다 높은 산맥을 만나 비를 뿌리지요. 높새바람입니다. 산을 넘어와서는 덥고 마른 바람이 됩니다. 그 바람 때문에 나무나 풀이 마르고 농사짓기가 어렵습니다.

높새바람은 '높새'에서 불어오는 바람입니다. 한자말로 북동쪽입니다. '높'은 북쪽을 뜻하는데 집에서 보면 뒷산이 있는 북쪽이 높아서 붙인 이름입니다. 높바람은 주로 겨울에 불기 때문에 차갑고 매섭습니다.

높바람은 다른 말로 '뒤바람'입니다. 집 뒤에서 불어오니까요. 만주 지방에 살던 여진족을 '되놈'이라고 불렀는데,

그것도 북쪽을 뜻하는 '뒤'에서 뻗어 나왔습니다.

'높'과 '뒤'가 북쪽이라면 남쪽은 '마'입니다. '마주하다'에서 나왔습니다. 집을 마주 보는 쪽이 남쪽이니까요. 남풍은 마파람입니다. '마파람에 게눈 감추듯 한다'에 나오는 바로 그 바람입니다. 따뜻한 마파람이 불면 비가 오는데 갯벌에 나온 게들이 잽싸게 눈을 감추고 숨는 모습을 담은 옛말입니다.

'새'는 동쪽입니다. 샛별이 동쪽에 뜨는 별이듯 샛바람은 동풍을 뜻합니다. '(날이) 새다'에서 온 말입니다. 날이 새려면 해가 떠야 하는데, 새는 원래 '해'에서 온 말입니다. 힘이 '심'이 되고 '힘+부림'이 '심부름'이 되듯 'ㅎ'이 'ㅅ'으로 변했습니다.

서풍은 갈바람입니다. 사전에는 가을바람의 준말이라고 첫 번째로 풀어놓았지만, 바람의 방향에 예민한 뱃사람들에게는 서풍으로 더 익숙하지요. 해가 뜨고 날이 새는 쪽에서 부는 바람이 샛바람이니까 해가 넘어 '가는' 쪽에서 부는 바람은 '가는 바람', 다시 말해 갈바람이 되지요. 갈마바람은 서남풍을 이릅니다.

갈바람을 하늬바람이라고도 합니다. 하늬바람은 무덥던 여름이 끝나고 맑고 높은 가을 하늘에서 부는 바람입니다. '하늘바람'이 하늬바람이 되었습니다.

바람은 공기의 압력 때문에 발생한다고 알려져 있지만 때로는 사람이 일으키기도 합니다. 쌀쌀맞은 말끝에 찬바람이 돌기도 하고, 짝을 만날 때면 봄바람이 불어옵니다. 헛바람, 춤바람, 치맛바람 같은 것도 있습니다. 사람이 일으키는 바람 중에서 가장 좋은 것이 신바람입니다. 신바람이 나면 못 할 일이 없으니까요.

멀어져 간

나의

솔개어

하늘을 주름잡는 새가 있습니다. 떴다 하면 날짐승뿐 아니라 길짐승들도 낌새를 알아채고 숨기 바쁘지요. 매입니다.

우리나라는 삼국 시대부터 매사냥을 했다는 기록이 있습니다. 그 뒤 몽골이 우리나라에 들어오고 본격적인 매사냥이 시작되었습니다. 그러다 보니 매의 이름도 몽골에서 온 것이 많습니다.

보라매는 난 지 일 년도 안 된 새끼를 잡아 길들인 매인데, 몽골어 '보로'에서 왔습니다. 아직 어린 새라 앞가슴에 난 털 색깔이 청회색 또는 보랏빛을 띱니다. 보라매와 보랏빛은 같은 뿌리인 셈이지요.

'어쩌다 마주친 그대'로 유명한 그룹사운드 송골매는 매의 종류가 아닙니다. 옛날에는 '숑고리'라고 불렀는데 매를 뜻하는 몽골어 '숑호르'에서 왔습니다. 숑고리에 매가 붙어서 송골매가 되었지요. 그러니까 송골매는 몽골말로도 매, 우리말로도 매가 되는 셈이지요. '매매'입니다.

산지니, 수지니도 한자말에서 왔습니다. 수지니는 원래 수진이였습니다. 한자말 '손 수手'에 '묵을 진陳'이 붙었는데 사람 손으로 길러진 매를 뜻합니다. 산지니는 앞에 '뫼 산山'이 붙어서 산에서 야생으로 자란 매를 말하지요.

매 말고도 하늘을 주름 잡는 새가 있습니다. 수리입니다. 수리는 하늘 높이 떠서 빙글빙글 돌다가 먹이를 보고 내려옵니다. 높이 뜨는 습성 때문에 수리라는 이름이 붙었습니다. 단오를 뜻하는 우리말 수릿날도 일 년 중 해가 가장 높을 때이고, 사람 몸에서도 가장 높은 곳이 정수리지요. 수리와 같은 뿌리입니다.

대머리를 뜻하는 한자말 '독'이 수리 앞에 붙으면 독수리가 됩니다. '대머리 수리'라는 뜻인데, 머리 꼭대기와 목덜미가 벗겨져서 살이 드러나 보인다고 붙은 이름입니다.

'소리개'라고도 부르는 솔개도 수리에서 왔습니다. 옛날에는 쇠로기, 소로개 등으로 불렀는데 함경도에서는 지금도 솔개를 '수리개'라고 합니다.

　예전에는 자주 솔개를 볼 수 있었는데 지금은 멸종 위기 야생 동물로 지정되었습니다. 우리, 사람들이 솔개를 살 수 없게 만들었는지도 모르지요. "우리는 말 안 하고 살 수가 없나 날으는 솔개처럼~"이라던 가수 이태원의 솔개가 생각납니다. "멀어져 간 나의 솔개여~"로 노래가 끝이 나는데 노래처럼 솔개는 우리에게서 멀어져 버린 것 같습니다.

경기도 의정부는 부대찌개로 유명한 곳입니다. 부대찌개는 미군이 우리나라에 머물면서 미군 부대에서 나온 고기나 소시지, 햄을 넣어 끓인 찌개인데 의정부에 미군 부대가 유독 많아서 덩달아 부대찌개도 유명해졌지요. 진한 국물이 좋아서 여기 라면을 넣어 끓여 먹으면 더 맛있습니다.

"여기, 라면 사리 하나 주세요." 하고 말하면 식당 주인이 넣어 주지요. 인기가 좋다 보니, 요즘에는 찌개에 넣어 먹을 수 있게 수프가 없는 사리면도 나옵니다. 하지만 사리면도, 라면 사리도 잘못된 말입니다. 사리는 새끼나 국수, 실처럼 가늘고 긴 것을 동그랗게 포개어 뭉친 것을 뜻하기 때문입니다. 둥글게 뭉친 것이라 '냉면 한 사리, 국수 두 사리'처럼 세는 단위로 쓰기도 합니다.

사리는 '사리다'에서 나왔습니다. 뱀이 똬리를 튼 모습이 사리다이고, 강아지도 겁을 먹으면 꼬리를 사립니다. 긴 밧줄 같은 것은 쓰기 좋게 잘 사려 놓지요.

사리다와 비슷한말로 '말다'나 '감다'가 있습니다. 말다는 얇고 넓적한 김이나 멍석, 신문지 같은 것에 쓰는데, 특히 김밥은 잘 말아야지 옆구리가 터지지 않지요.

감다는 가운데 막대 같은 것이 있어서 거기다 빙 두르는 것을 뜻합니다. 실패가 있어야 실을 감을 수 있고, 씨름을 할 때도 상대편 다리가 있어야 내 다리로 감을 수가 있습니다. 팔에 붕대를 감거나 온몸을 옷으로 감쌀 수도 있지요. 국수처럼 처음에는 감았다가 나중에 가운데 있던 손을 쏙 빼면 사리가 되기도 합니다.

가늘고 긴 물건을 사리던 것이 사람에게 옮겨 갔습니다. 다칠까 봐 몸을 사리기도 하고, 속에 품었던 말을 하기 위해 마음을 사리기도 하지요. 그러고 보니 사리면은 '살찔까 봐 몸을 사리는 라면인가?' 엉뚱한 생각도 해 봅니다.

바늘 가는 데

실 간다

사람들은 언제부터 바느질을 했을까요? 옷을 만들어 입으려면 뾰족한 바늘이 필요했을 겁니다. 가끔 구석기 유물 중에 짐승의 뼈나 물고기 가시로 만든 바늘이 발견된다니, 그때쯤 바느질이 시작되었겠지요. 금속 문명 시대에는 구리나 쇠로 만들게 되었습니다. 청동기 시대에 단춧구멍도 만들고, 자수를 놓았다는 기록도 남아 있지요.

바늘은 옷을 꿰맬 때 말고도 씁니다. 저울에도 바늘이 있고, 바늘이 없으면 시계도 제 구실을 하지 못하지요. 말만 들어도 오금이 저리는 주삿바늘도 있습니다. 가늘고 뾰족한 것에는 으레 바늘이라는 이름이 붙였습니다. 따끔따끔 돋아나는 혓바늘처럼 말이지요.

바느질은 '바늘'과 '질'이 붙은 말입니다. 질은 사람이 하는 일이나 행동을 뜻하는데, 뜨개질, 가위질처럼 도구를 쓸 때도 있고, 손가락질, 곁눈질같이 몸으로 하는 짓에도 씁니다.

'바늘 가는 데 실 간다'는 말이 있습니다. 실이 있어야 바느질을 할 수 있지요. 실은 고치나 털에서 올을 뽑아내야 만들 수 있습니다. 한 올 한 올 뽑아낸 다음 꼬아서 실로 만듭니다. 바늘귀에 실을 꿸 때 잘 들어가지 않는 건 실에서 풀려난 실오라기 때문이지요.

실은 길어서 실패에 감아서 두기도 하고, 잘 사려서 놓으면 실타래가 됩니다. 나중에 다시 쓸 때는 실마리를 찾아야 실을 풀 수 있습니다. 실마리를 예전에는 '실머리'라고 불렀습니다. 실마리, 실머리가 같은 말이듯 머리와 마리도 같은 뜻입니다. 짐승이나 물고기 머리를 세던 것이 이제는 한 마리, 두 마리, 수를 세는 말로만 남았지요.

실과 바늘, 골무, 바늘겨레 같은 것을 넣어 두는 것을 '반짇고리'라 합니다. 원래는 '바느질고리'였습니다. 고리는 버들가지나 대나무로 엮어서 만든 옷상자입니다. 궤짝, 낮짝, 등짝처럼 뒤에 '-짝'을 붙여서 '고리짝'이라고도 하지요.

'바느질'과 '고리'가 만나면서 받침 'ㄹ'이 없어집니다.

'이틀+날'은 '이튿날'이 되고, 한 술 두 술 뜨는 밥술에 가락이 붙으면 '숟가락'이 되는 것과 같지요.

옛날에는 집집마다 반짇고리가 있었습니다. 옷이 해지면 기워야 하니까요. 어린아이들은 바지 무릎이 해질 때가 많아서 헝겊을 대고 기웠지요. 오래오래 입을 수 있었습니다. 요즘은 바느질도 기계가 하다 보니 옷이 귀하지 않습니다. 해질 때까지 입지도 않고 싫증 나면 버립니다. 안타깝습니다.

눈꼴 시려

못 볼 꼴

옛날에는 가깝든 멀든 걸어서 다녔지요. 타고 다닐 만한 게 많지 않았으니까요. 요즘은 가까워도 차를 탈 때가 많고, 버스나 지하철도 잘 되어 있습니다. 잘 걷지 않다 보니 몸에 군살이 붙습니다. 볼썽사나운 뱃살이 나올 때도 있지요. 몸매 관리를 위해 운동을 하는 사람도 많아졌습니다.

몸매는 '몸+매'로 이뤄진 말로, 뒤에 붙은 '매'는 생김새를 뜻합니다. 몸의 생김새가 몸매이듯, 입의 생김새는 입매, 눈의 생김새는 눈매입니다. 옷차림새는 옷매지요.

옷매가 좋으려면 매무새를 가다듬어야 합니다. 매무새는 '매다'와 '묶다'가 붙은 말입니다. 옷고름을 잘 매고 깔끔하게 묶는다는 뜻이 담겨 있지요.

맵시는 보기 좋은 생김새를 말합니다. 눈매, 손매, 몸매와 뿌리가 같습니다. 맵시가 살아나려면 머리와 옷을 매만져야 하는데 '매만지다'의 '매'도 생김새를 뜻하는 말에서 왔습니다.

매가 저마다의 생김새라면 딱 보면 한번에 알아볼 수 있는 생김새를 '꼴'이라고 합니다. 같은 생김새의 묶음이라고 볼 수도 있지요. '꼴같잖다'라는 말은 아직 꼴을 제대로 갖추지 못했다는 말입니다. 사자도 새끼 때는 사자 꼴같잖았는데 나날이 사자 꼴을 갖추기도 하고, 처음에는 그냥 기둥과 들보만 있었는데 하루가 다르게 집 꼴이 되어 가지요. 꼭지가 세 개 있으면 세모꼴, 네 개 있으면 네모꼴, 사다리처럼 생기면 사다리꼴이고, 오래 살다 보면 별꼴도 보게 되지요.

꼴 중에는 눈꼴이 시려서 못 볼 꼴도 있습니다. 자식이나 피붙이가 그 꼴로 돌아다니면 정말 꼴도 보기 싫어져서 누구 죽는 꼴 보고 싶냐고 타박을 할 때도 있지요. 가끔 드라마에서 보던 장면입니다.

매와 꼴이 멈춰 있는 생김새라면 '짓'은 움직이는 모양을 뜻합니다. 손을 움직이면 손짓이고, 발을 움직이면 발짓입니다. 말없이 눈짓을 보내기도 하고, 신나는 노래가 나오면 우쭐우쭐 저절로 몸짓이 나옵니다. 말아야 할 짓은 짓거리입니다. 싸움짓거리나 욕지거리가 있지요. '욕짓거리'였는데 나중에 받침 'ㅅ'이 사라졌습니다.

우르르 비가 쏟아지는 궂은날처럼 사람이 하는 짓도 궂을 때가 있습니다. '짓궂다'고 하지요. 짓궂은 웃음을 흘리거나 짓궂게 놀립니다. 친구끼리 사이좋게 지내면 좋을 텐데, 왜 그렇게 심술궂은지 참 얄궂은 일입니다.

윷을 던지면

소가 걸어 나온다?

　　설날이 되면 윷을 노는 집이 많습니다. 예전에는 설날부터 정월 대보름까지 놀았다는데, 요즘도 대보름 즈음 마을마다 척사 대회가 열립니다. 한자말 '척사'는 '윷을 던진다'는 뜻이니까 척사 대회가 곧 윷놀이 대회입니다.

　　우리 겨레가 언제부터 윷놀이를 했는지는 뚜렷하지 않습니다. 《조선상고사》를 쓴 신채호 선생님은 부여의 사출도에서 이어졌다고 했지요. 부여는 왕이 중앙을 지배하고 말, 소, 돼지, 개를 상징하는 네 집단이 따로 행정 구역을 다스렸는데, 이것이 바로 사출도입니다. 윷을 던질 때 나오는 도, 개, 윷, 모가 모두 여기서 나왔다고 합니다. 세 번째인 걸은 어디에서 왔는지 모른 채 남겨 둔다고 했지요.

말을 한 칸 움직이는 도는 돼지에서 나왔습니다. 돼지의 옛 이름이 '돝'이었는데 입말로 소리 내다 보니 받침 'ㅌ'이 사라졌습니다. '돝+아지'로 이뤄진 돼지에서 'ㅌ'이 사라진 것처럼 말입니다.

말을 두 칸 움직이는 개는 멍멍 짖는 개와 이름도 뜻도 같습니다. 개를 옛날에는 '가히'라고 불렀으니, 예전에는 윷놀이 할 때도 '가히'라고 하지 않았을까 싶습니다.

윷가락 네 개가 모두 배꼽을 보여 주는 윷은 소에서 왔습니다. 소의 옛말은 '쇼'입니다. 윷의 옛말은 '슝'이었지요. 지금은 소리가 완전히 다르지만 뿌리가 같은 말입니다.

윷가락이 모두 뒤집어지면 모입니다. '모가 났다'고 하지요. 다섯 칸을 갈 수 있습니다. 가장 멀리까지 갈 수 있는 모는 말을 뜻합니다. 말은 중국에서는 '마'라고 하고, 만주어로는 '모린'입니다. 같은 뿌리를 두고 있을 것 같습니다. 우리 옛말로는 '믈'이었지요. 받침이 탈락해서 모가 되었습니다.

가운데 있는 걸은 어디에서 왔는지 의견이 갈립니다. 고조선 정치 제도였던 5가에서 기원을 찾는 사람이 있습니다. 5가는 말, 소, 양, 개, 돼지가 있었기 때문에 걸과 양을 하나로 보는 것이지요. 하지만 양과 걸은 소리가 많이 다릅니다. 거세한 양을 한자말로 '갈'이라고 읽는데, 거기서 온 것이라고 하기에는 억지스럽습니다.

《조선상고사》에서는 윷놀이가 사출도에서 왔다고 했습니다. 돼지, 개, 소, 말을 상징하는 네 개의 행정 구역이지요. 그런데 왕이 다스린 중앙은 빠져 있습니다. 걸은 여기서 온 게 아닐까요?

부여를 이은 고구려 행정 조직 5부에 '계루'가 있습니다. 왕이 다스린 중앙을 뜻하지요. 지금도 중앙은 우리말로 '가운데'입니다. 모두 같은 뿌리에서 온 것으로 짐작할 수 있습니다.

새해가 밝으면 지금도 많은 사람이 윷을 놉니다. 설에는 온 식구가 모여서 놀고, 대보름에는 온 마을이 함께 어울려 놉니다. 누가 만들었는지, 언제 만들었는지도 뚜렷이 알 수 없을 만큼 오래되었지요. 《조선상고사》가 맞다면 수천 년 전부터 윷놀이를 한 셈입니다.

누구 한 사람이 만든 게 아닐 겁니다. 놀이를 하면서 규칙도 달라지고 이름도 달라졌겠지요. 수천 년을 이어 왔듯 앞으로도 쭉 이어지면 좋겠습니다.

고대 그리스에 아이소포스라는 노예가 살았습니다. 우리에게는 이솝으로 더 유명한 사람이지요. 주로 동물들을 등장인물로 삼은 이야기를 많이 지었습니다. '개미와 베짱이'가 유명하지요. 원본에서는 베짱이 대신 매미가 나온다는데, 이야기를 끌어가는 데는 아무 문제가 없습니다. 매미든 베짱이든 울음소리가 유명하니까요.

매미 이름은 '맴맴' 울음소리에서 왔습니다. 옛 이름은 '매아미'였지요. 그때 살던 매미는 급하게 맴맴 울지 않고 느긋하게 '매암매암' 울었나 봅니다. 그럼 베짱이는 '베짱베짱' 울어서 베짱이가 되었을까요?

베짱이는 '베+짜다'로 이뤄진 말로 '베를 짜는 벌레'라는 뜻입니다. 어떤 사람들은 베짱이가 하는 행동이 베 짜는 것과 비슷해서 그렇다고 하는데 이름의 비밀은 행동이 아니라 소리입니다. 베짱이 울음소리가 베틀이 움직이는 소리와 비슷해서 붙인 것이지요. 중국에서도 베짱이를 베를 짠다는 뜻의 한자말을 붙여서 '직조충'이라고 했는데, 베틀 소리에서 따왔지요. 한국이나 중국이나 베틀 소리는 비슷했나 봅니다.

《이솝우화》에 실릴 만큼 울음소리가 유명했던 매미와 베짱이는 여름이 가면 흔적도 없이 사라집니다. 그 자리를 메우는 건 숨 막힐 듯 토하는 울음의 주인공 귀뚜라미지요. 어느 가수는 귀뚜라미가 '귀뚜루루루' 운다고 노래했지만, 옛날에는 '귓돌귓돌' 울었나 봅니다. 옛 이름이 '귓돌와미'였으니까요. '귓도라미'로 부를 때도 있었지요.

여름 내내 묵묵히 일만 했던 개미 이름은 어디서 왔을까요? 소리를 내지 않으니, 울음소리에서 따온 건 아니겠지요. 줄지어 가는 모습을 보고 지었습니다. 옛날에는 개미가 '가야미'나 '가얌이'였습니다. '가다'에서 나온 이름입니다.

이솝은 줄지어 가는 개미가 노래하는 베짱이보다 좋았나 봅니다. 겨울이 되자 개미는 추위와 굶주림에 시달리는 베짱이를 꾸짖을 수 있었으니까요. 개미의 복수, 뭐 그런 식으로 결말이 났지요.

　베짱이 입장에서는 좀 억울할 수 있을 것 같습니다. 노래하는 것도 일이 될 수 있으니까요. 이솝이 요즘 사람이라면 한류 가수들을 보면서 이야기를 좀 다르게 끝내지 않았을까요? 베짱이의 억울함을 풀어 주고 싶습니다.

백날

야옹야옹 울어도

소용없다

날이 춥다고 웅크리고 있으면 다리나 팔에 쥐가 납니다. 의학적으로는 '국소성 근육 경련'이라고 하는데 찌릿찌릿 저린 쥐는 누구나 한두 번씩 겪었을 것 같습니다. 쥐가 날 때 코에 침을 바르는 사람도 있고, 야옹야옹 울음소리를 내기도 합니다. 고양이는 쥐의 천적이니까요.

다리나 팔에 나는 쥐는 고양이를 무서워하는 쥐와 아무 상관이 없습니다. '쥐다'에서 온 말이기 때문이지요. 손을 꼭 쥐고 있으면 쥐가 나니까 '쥐'라는 이름이 붙었습니다. 손에 쥐가 나면 고양이 울음소리를 낼 게 아니라 쥐락펴락하며 손에 피가 잘 돌게 해야겠지요.

쥐 나는 것과는 전혀 관계없는 동물 쥐는 사람이 사는

곳이라면 어디든 함께 살아왔습니다. 심지어 사람이 살지 않는 땅속에도 살고, 하늘을 날아다니는 박쥐도 있지요.

박쥐는 '밝다'에서 왔습니다. 밝은 눈과 귀를 가졌으니까요. 덕분에 어두운 동굴 속에서도 잘 날아다닙니다.

지금은 쥐라는 이름도 사라졌지만 두더지의 옛 이름은 '두디쥐'였습니다. '두디(다)+쥐'로 이뤄졌는데, '두디다'는 지금 '뒤지다'로 바뀌었지요. 말뜻대로 풀면 두더지는 땅속을 뒤지는 쥐였습니다. 실제로 두더지는 땅속을 뒤지며 지렁이 따위를 잡아먹습니다.

나무를 잘 타는 다람쥐의 옛 이름은 '다르미'였습니다. '달리다'가 옛날에는 '둘이다'였으니 다람쥐는 달리기를 잘하는 쥐입니다.

하수구에서 살아가는 시궁쥐도 있습니다. 시궁쥐는 집쥐나 들쥐처럼 사는 곳으로 이름을 붙였습니다. 시궁창입니다. 시궁창의 시궁은 원래 '쉬궁'입니다. 쉰내가 나는 구멍이라는 뜻이지요.

몸집은 작지만 빼놓을 수 없는 것이 생쥐입니다. 생쥐의 본래 이름은 '새앙쥐'입니다. '새앙+쥐'로 이뤄졌는데, 다져서 양념으로 쓰는 생강이 곧 '새앙'입니다. 생강을 달인 물은 '새앙물'이고, 생강을 우린 '새앙차'도 있지요. 생강처럼 짧은 소뿔은 '새앙뿔'이고, 여자아이가 두 갈래로 갈라서 땋은 머리를 '새앙머리'라고 합니다.

새앙머리를 땋은 궁녀가 '새앙각시'입니다. 어리고 작은 아이를 새앙각시라고 부르면서 새앙은 작다는 뜻이 덧붙었습니다. 새앙쥐 이름도 같은 뜻으로 붙인 것이지요. 작은 쥐니까 새앙쥐입니다. 새앙각시를 줄이면 생각시가 되는 것처럼 새앙쥐를 줄인 말도 생쥐입니다.

생쥐가 사향쥐에서 왔다는 사람도 있습니다. 하지만 사향쥐나 사향뒤쥐는 우리나라에 살지 않았습니다. 몸집이 작은 쥐에 사향쥐라는 이름을 붙이는 것도 억지스럽지요. 생강을 뜻하는 새앙이 새앙각시가 되었다가 작다는 뜻으로 넓이졌다는 것이 훨씬 자연스럽습니다. 생쥐는 향기가 나는 사향쥐가 아니라 새앙각시처럼 어리고 작은 새앙쥐니까요.

어디꺼정

왔노?

아무리 좋은 것이라도 오래되면 싫을 때가 있습니다. 좋은 음식도 자꾸 먹으면 싫어지고 신나는 놀이도, 높은 벼슬도 싫을 때가 있지요. 천년만년 갈 것 같은 사랑도 오래되면 싫어질 때가 있습니다. 사람 마음은 자주 흔들립니다.

싫은 마음을 '싫증'이라고 합니다. '싫다'에 병 증상을 뜻하는 한자말이 붙었습니다. 말뜻으로만 보면 싫증은 마음의 병입니다. 처음부터 싫증이 나지는 않았을 겁니다. 오래되다 보니 저절로 그리 되었겠지요. 실컷 놀고, 실컷 먹고, 실컷 사랑하다 보니 그 끝에 싫증이 났을 겁니다.

실컷은 '싫어질 때까지'라는 뜻을 담고 있습니다. 경상도, 함경도 같은 곳에서는 까지를 '꺼정'이라고 합니다. "어디까지 왔니?"를 "어디꺼정 왔노?"라고 하지요. '꺼정'이나 '까장'이 줄어서 '컷'이 되었습니다. '실꺼정'이 '실컷'이 되었지요.

컷과 뿌리가 같은 말로 '껏'이 있습니다. 여태껏, 지금 껏처럼 시간을 나타내는 말 뒤에 붙어서 '여태까지', '지금까지'와 같은 뜻으로 씁니다.

시간뿐 아니라 어느 남짓인지 정도를 나타낼 때도 있습니다. 정해진 한도까지는 '한껏'이고, 마음 내킬 때까지는 '마음껏'입니다. 힘이 닿는 곳까지는 '힘껏'이고, 목청이 찢어지지 않을 정도는 '목청껏'이지요.

배부르게 먹을 때, 배가 터지도록 먹을 때 양껏 먹는다고 합니다. 양이 많다 적다 할 때 양을 떠올리기 십상이지만, 여기서 양은 한자말이 아닙니다. 뱃속에 있는 위를 이르는 순우리말이지요. 곱창집에 가면 맛볼 수 있는 양이 바로 소의 위입니다. '양껏 먹어라'는 위가 다 찰 때까지 먹으란 뜻이지요.

끝까지 했지만 아무런 보람이 없다는 뜻으로 '일껏'과 '기껏'이 있습니다. 일껏 밥을 지었더니, 기껏 그것밖에 되지 않냐고 나무라지요.

'컷'과 '껏'은 몸과 마음을 다할 때 쓰는 말입니다. 양껏 먹고, 마음껏 놀고, 실컷 사랑합니다. 그러다 보면 싫증이 날 수도 있지요. 끝까지 가지 말고 조금씩은 남겨 두면 좋겠습니다. 그래야 힘껏 살아갈 수 있을 것 같습니다.

방정환 선생님과 색동회가 어린이날을 처음 만들었습니다. 〈어린이〉 잡지도 그때 만들었고, '애놈, 애새끼'라고 낮잡아 부르던 아이들을 존중하기 위해 '어린이'라고 부르자고 했지요. 어린이라는 말도 그때 만든 것으로 생각하는 사람들이 있습니다. 하지만 어린이는 그전부터 써 온 말입니다.

늙은이는 '늙다'에서, 젊은이는 '젊다'에서 온 것처럼 어린이도 '어리다'에서 온 말입니다. 하지만 어리다의 뜻이 오늘날과 같지 않았습니다. 《훈민정음 언해본》에 나오는 '어린 백성'도 지금 뜻과는 다르지요.

처음에는 물가에 비치는 모습을 보고 '어린다'고 했습니다. 거울처럼 또렷하지 않고 어른어른 비치는 모습입니다. 달빛에 그림자가 어른거릴 때나 눈가에 눈물이 비칠 때도 썼지요. 눈에 보이던 것에 쓰던 말이 마음으로 옮겨 갔습니다. 입가에 미소가 어릴 때도 있고, 정성 어린 선물을 주기도 합니다.

또렷하지 않고 어른거린다는 뜻으로 쓰는 '어리어리하다'도 여기서 나왔습니다. '어리둥절하다', '어리벙벙하다'도 비슷한 뜻으로 쓰지요. 뭐가 뭔지 뚜렷하게 구별할 수 없을 때는 얼떨떨합니다. 작은말로 '알딸딸'인데 술을 마시면 알딸딸하게 술기운이 오릅니다. 잣대가 또렷하지 않을 때 어리석은 행동도 하게 되지요. 뚜렷하지 않다는 뜻으로 쓰던 어리다가 덜 되었다는 뜻으로 넓어집니다.

세종대왕이 좋아했다는 어리굴젓은 어린 굴로 만든 젓갈이 아닙니다. 짜지 않게 소금을 덜 뿌려서 만든 굴젓을 이릅니다. 소금이 적어서 빨리 삭기 때문에 오래 두고 먹을 수 없지요.

어리굴젓처럼 모자라게 간을 할 때 '얼간'이라고 합니다. 소금을 조금만 뿌려서 구운 생선은 '얼간구이'이고, 봄이 오기 전 대충 밭을 갈 때 '얼갈이'라고 합니다. 늦게 심어서 다 자라지 않는 얼갈이배추도 있지요. 이렇게 나이가 덜 찼다는 뜻으로도 어리다를 쓰게 되고, 어린이도 나왔습니다.

《훈민정음 언해본》에 나오는 어린 백성은 또렷하게 글을 읽지 못하는 백성을 가리킵니다. 한자가 우리말과 달라 아는 백성이 거의 없었기 때문입니다. 세종대왕님 덕분에 어린 백성이 글을 알게 되고 비로소 제 뜻을 실어 펼 줄 아는 백성이 되었습니다. 참 고마운 분입니다.

아이고

내 팔자야

음식을 담을 때 그릇을 씁니다. 밥을 담으면 밥그릇이 되고, 국을 담으면 국그릇, 물을 담으면 물그릇이 되지요. 재료에 따라 진흙을 구워서 만든 질그릇이 있고, 놋쇠로 만든 유기그릇이나 옻칠을 한 옻그릇도 있습니다.

그릇이 없던 시절에는 박을 말려서 그릇으로 썼습니다. 바가지입니다. 박을 반으로 뚝 잘라서 만들었지요. 그러고는 작다는 뜻의 '아지'를 붙여서 이름 지었습니다. '박+아지'였는데 나중에 바가지가 되었습니다. 아지는 강아지, 망아지에서 보듯 작다는 뜻을 담고 있습니다.

바가지에 쌀을 담아 두기도 했지요. 조금씩 들어서 밥을 지어야 하는데, 텅 비면 박박 소리 내어 긁을 수밖에 없습니다. 그 소리가 듣기 싫었나 봅니다. '바가지를 긁는다'는 말까지 나왔으니까요.

또 다른 이야기도 있지요. 전염병이 돌면 일부러 바가지를 박박 긁었다고 합니다. 소리가 너무 시끄러워서 귀신도 도망을 가곤 했다는데 여기서 '바가지 긁다'란 말이 나왔다고 말이지요.

꼭지 쪽에 조그만 구멍을 낸 것은 '뒤웅박'입니다. 곡식을 담아서 끈으로 매달아 두었습니다. 자칫 끈이 떨어지면 뒤웅박도 깨집니다. 끈이 튼튼해야 뒤웅박도 오래 쓸 수 있었지요. '여자 팔자, 뒤웅박 팔자'라는 말이 여기서 나왔습니다. 남편에게 매어 있다는 뜻으로 썼다지요.

지붕 위에 조롱조롱 매달린 '조롱박'에는 물이나 술을 담았습니다. 잘록하게 들어간 곳이 손잡이가 되었습니다. 그게 좋았나 봅니다. 백자나 청자로 만든 물병들도 조롱박 모양이 있고, 요즘도 잘록하게 들어간 물병이 많습니다. 인기가 있어서 그랬는지, 조롱박 모양 떡도 나왔습니다. 조롱이떡 또는 조랭이떡이라고 부르는 것입니다. 떡볶이도 해 먹고 떡국에도 넣어 먹습니다.

작은 바가지는 '쪽박'이라고 합니다. '쪽+박'으로 된 말인데, 여기서 '쪽'은 작다는 뜻을 가지고 있습니다. 쪽배, 쪽문, 쪽파, 쪽마루 같은 말이 있지요.

덜 여문 것을 말리다 보면 오그라들기 쉽습니다. '오그랑쪽박'입니다. 부엌에 두고 쓰지만 거기서도 천대받습니다. 사람 형편도 그럴 때가 있지요. 오그랑쪽박 신세라며 절망합니다. 오그라들어도 바가지는 바가지입니다. 언젠가 쓰임을 생각하며 끈을 놓지 말아야 하겠습니다.

한여름 소나기구름이 몰려오면 하늘이 시끄럽습니다. 떠들썩한 빗소리와 함께 천둥 번개가 칩니다. 저쪽 하늘에서 번쩍 번개가 치고 나면 좀 있다가 천둥소리가 들리지요. 번개가 먼저 치고 천둥이 울리는 것은 소리와 빛의 빠르기가 다르기 때문입니다.

번개는 빛이 비치는 모양을 흉내 낸 '번쩍'에서 왔습니다. 작은말은 '반짝'입니다. 번개는 번쩍번쩍 치고, 별은 반짝반짝 빛나지요. 번쩍에서 '번하다'도 나왔습니다. 요즘은 번하다보다는 센 말인 '뻔하다'를 자주 씁니다. 보나마나 답이 정해진 것을 '뻔할 뻔 자'라고 하고, 뻔한 잘못을 해 놓고도 모른 체하는 사람에게는 '뻔뻔하다'고 합니다.

번개가 빛이라면 천둥은 소리입니다. 하늘이 울린다는 뜻을 담은 한자말이지요. 우리말로는 '우레'입니다. 옛날에는 '울에'라고 썼는데, '울다', '울부짖다'와 뿌리가 같습니다. 짐승이나 파도가 울부짖듯 하늘이 큰 소리로 울리면 '우레가 운다'고 했습니다. 하늘이 울리는 것처럼 손뼉 소리가 클 때는 '우레와 같다'고 하지요.

사전에서는 우레를 뇌성과 번개를 동반한 방전 현상이라고 적어 놓았습니다. 잘못 풀이한 것입니다. 빛과 소리를 합친 말은 우레가 아니라 벼락이지요. 벼락은 사람이 막을 수 있는 것이 아닙니다. 갑작스럽게 떨어지지요. 마른하늘에 날벼락이 떨어질 때도 있고, 호된 불벼락을 맞기도 합니다.

장마철에 맞는 물벼락도 있고, 벼랑 아래서 돌벼락을 맞기도 합니다. 느닷없이 당하는 앉은벼락이나 누운벼락도 있고, 못된 짓 하는 놀부는 잇따라 줄벼락을 맞지요. 벼락 중에서 가장 맞고 싶은 건 뭐니 뭐니 해도 돈벼락입니다. 어디가서 돈벼락 한번 맞고 싶습니다.

안쪽은 오금
바깥쪽은 꿈치

날이 추우면 저절로 몸을 움츠립니다. 한참 그러고 있으면 오금이 저리지요. 오금은 팔이나 다리를 오그리면 안쪽으로 오목하게 들어가는 곳을 이릅니다. 오금이 있어서 오그렸다 폈다 할 수 있는데, 춥거나 무서우면 뻣뻣하게 굳어서 오금이 저립니다.

오금은 '옥다'에서 나온 말입니다. 옥다는 지금도 사전에 실려 있지만 잘 쓰지 않지요. 대신 비슷한 '오그리다'를 많이 씁니다. 오그리다의 큰말은 '우그리다'인데 옥다의 큰말도 '욱다'여서 두 낱말이 같은 뿌리에서 나온 것을 알 수 있습니다.

오그리거나 펴기만 하던 오금을 여러 곳에 쓰기 시작

했습니다. 딴생각을 못하도록 단단히 오금을 박기도 하고 놀려 가고 싶어서 오금이 쑤시기도 합니다. 야단치던 선생님이 가고 나면 그제서야 오금을 폅니다.

사람 몸에는 오금이 두 개 있습니다. 팔오금과 다리오금이지요. 팔을 오그려서 오목하게 들어가는 곳이 팔오금인데, 팔을 오그리다 보면 바깥쪽은 구부러지기 마련입니다. 거기를 팔꿈치라고 합니다. 오금이 옥다에서 왔듯이 꿈치는 '굽다'에서 왔습니다. '구부리다'와 같은 뜻을 가졌지요. 안쪽에서 오그리면 바깥쪽은 구부러지게 되지요.

우리 몸에는 꿈치가 하나 더 있습니다. 발꿈치입니다. 발에서 구부러지는 곳인데, 어느 곳인지 뚜렷하게 드러내려고 뒤꿈치 또는 발뒤꿈치라고도 합니다. 다리오금 바깥쪽은 다들 알고 있듯이 다리꿈치가 아니라 무릎입니다. 왜 무릎이라고 했는지 궁금합니다.

나무를 오그려서 만드는 활에도 오금이 있습니다. 활 가운데에서 멀리 떨어진 곳은 먼오금이고, 가까이 붙은 곳은 밭은오금입니다. '밭은'의 으뜸꼴은 '밭다'인데 가깝거나 짧다는 뜻을 가집니다. 여기서 어찌씨(부사) '바투'가 나왔지요. 오금이 저리지 않는 더운 여름이 오면 머리를 바투 깎을 수 있겠지요. 그러면 시원할 것 같습니다.

고드름 고드름

수정 고드름

　　겨울은 춥다고 싫어하는 사람이 많은데 아이들은 겨울
을 좋아합니다. 눈이 내리기 때문입니다. 펄펄 눈이 내리면
마당에도 들판에도 지붕 위에도 눈이 쌓입니다. 아이들은 눈
썰매도 타고 눈사람도 만듭니다. 눈이 녹으면 놀이도 끝이
나지요. 지붕에 쌓인 눈도 녹아서 뾰족한 고드름이 됩니다.

　　고드름은 어떻게 이름 붙였을까요? 뾰족한 생김새로
짐작할 수 있습니다. '꽂다'의 옛말은 '곶다'인데 고드름은
'곶+얼음'으로 된 말입니다. 지금 말로 바꾸면 '꼬챙이 얼음'
또는 '꽂은 얼음'쯤 될 것 같습니다.

　　고드름은 해가 나면 금세 녹아 버리니까 그럴 수 없지
만 뾰족하고 길쭉한 꽂이는 뭘 꿰기가 좋습니다. 단감 껍질

을 벗기고 나무 꼬챙이로 꿰어 말리면 호랑이가 무서워하는 곶감이 되지요. 꽂이에 끼우니까 '곶감'이라고 이름 붙였습니다.

감이나 홍합 같은 것을 끼워 말리던 꽂이가 점점 쓰임이 많아졌습니다. 길쭉한 가래떡이나 어묵을 꽂아서 먹습니다. 고기도 꽂이에 꿰어 숯불에 구워 먹지요. 이렇게 꽂이에 꿴 음식을 '꼬치'라고 부르게 되었습니다. 떡을 끼우면 떡꼬치, 닭을 끼우면 닭꼬치가 됩니다.

꽃게도 '곶다'에서 왔습니다. 탕으로 끓이면 몸이 붉게 변하고 집게발에 꽃무늬가 생겨서 꽃게로 생각하는 사람들이 많지요. 아닙니다. 꽃게는 '고깔'이나 '송곳'처럼 등딱지에 뾰족한 뿔이 있습니다. 옛날에는 '곶게'라고 불렀습니다.

꽂이나 꼬치로 달라지지 않고 그대로 남아서 쓰일 때도 있습니다. 바다 쪽으로 뾰족하게 뻗은 육지를 '곶'이라고 부르지요. 호미곶이 대표적인데 한반도 지도를 동물로 놓고 보면 꼬리 쪽에 있는 뾰족한 땅입니다.

뭘 꿰어서 말리던 것이 사람 행동으로 옮겨 갑니다. 휘거나 구부러지지 않는 굳센 태도를 '꼿꼿하다'라고 부릅니다. 큰말로는 '꿋꿋하다'입니다. 곧이곧대로 따지는 모양을 흉내 내는 말로도 이어졌습니다. '꼬치꼬치 캐묻다'라고 하는데 이것도 휘어지거나 굽지 않고 따진다는 뜻이 들어 있습니다.

눈이 내리면 마당에 숯불을 피우고 꼿꼿한 꼬치에 꿴 떡을 꼼꼼하게 구워 먹으면 좋겠습니다.

우는 새는?

      어떤 동물이든 새끼는 귀엽습니다. 심지어 무서운 호랑이도 새끼 때는 귀엽지요. 그래서일까요. 새끼를 부르는 이름이 따로 생겨났습니다. 호랑이 새끼도 '개호주'라는 이름이 있는데, 어쩐지 호랑이보다는 덜 무서운 것 같습니다.

      개의 새끼는 강아지입니다. 개의 옛 이름이 '가히'였으니까 거기에 '-아지'가 붙여서 강아지가 되었습니다. 아지는 작다는 뜻을 가진 순우리말입니다. 소의 새끼는 송아지, 말의 새끼는 망아지가 되었습니다. 박을 잘라서 말리면 바가지가 되고, 갓 태어난 사람은 아기라고 부르지요. 돼지에게는 새끼 이름이 따로 없습니다. 맨날 먹기만 하고 더러워서 그런 걸까요? 아닙니다. 돼지라는 이름에는 이미 아지가 붙어 있지요. 돼지의 옛 이름은 '돝'인데, 거기 아지가 붙어서 '되아지'가 되었다가 줄여서 돼지라고 부릅니다. 돼지는 아기 때 이름을 끝까지 쓰는 셈이지요. 아지처럼 '아리'도 낱말 뒤에 붙어서 작다는 뜻을 가집니다. 병아리가 그렇습니다. 병아리 옛 이름은 '비육'인데 거기에 작다는 뜻의 아리가 붙어서 비육+아리, 줄여서 병아리가 되었습니다. 비육이 무슨 뜻일까 궁금해하는 사람들이 많은데, 아무래도 삐약삐약 병아리 소리에서 왔을 것 같습니다. 지금 말로 하면 '삐약아리' 쯤 되겠지요.

병아리처럼 아리가 붙는 말에는 항아리, 주둥아리, 이파리, 매가리, 종아리, 아가리 같은 것이 있습니다. 아가리는 입을 뜻하는 옛말 '악'에 아리가 붙은 꼴인데, 아가미, 아궁이 같은 낱말에 남아 있습니다. 일이 뜻대로 되지 않을 때는 악을 쓰거나 입으로 악다구니를 벌이기도 하지요.

메아리도 얼핏 '메'에 아리가 붙은 것처럼 보입니다. 하지만 메아리의 옛 이름은 '뫼사리'였습니다. 지금 말로 '뫼+살이'지요. 산을 뜻하는 '뫼'에 '살다'가 붙었으니, '산에 사는 것'이라는 뜻이 됩니다. 산에 올라가서 '야호!' 외치면 저쪽에서 '야호!' 대답해 주는 메아리. 그런 메아리가 있어서 산이 더 푸근하게 느껴집니다.

가랑비에도

옷 젖는다

　큰비가 내리면 밭일, 들일을 하지 못하지만 가늘게 내리는 가랑비라면 어렵지 않습니다. 쨍쨍한 해도 없을 테니 시원해서 오히려 일하기가 더 좋습니다. 하지만 가랑비도 오래 맞으면 옷이 젖습니다. 이럴 때 '가랑비에 옷 젖는다'고 합니다. 아무리 작은 것이라도 쌓이면 큰 것이 된다는 뜻이지요.

　가랑비는 '가랑+비'로 이뤄진 말입니다. 비는 하늘에서 내리는 것이니 쉬운데, 앞에 붙는 가랑은 무슨 뜻인지 알기 어렵습니다. 가루의 옛말인 'ㄱᄅ'에서 온 말입니다. 가루는 벼나 보리, 밀을 갈아서 만든 것이니, '갈다-가루-가랑'으로 이을 수 있겠지요. 가랑비는 가루처럼 내리는 비를 말합니다.

가루는 작은 것이니까 가랑도 작다는 뜻으로 씁니다. 가루처럼 내리는 눈을 '가랑눈'이라고 하고, 아주 작은 개미를 '가랑개미'라고 합니다. 쥐도 작은 것을 '가랑쥐'라고 하고, 경상도에서는 실파를 '가랑파'라고 부릅니다. 머릿니 중에서도 서캐에서 깨어난 지 얼마 안 되는 새끼 이를 '가랑니'라고 합니다. '가랑니가 더 문다'는 속담도 있는데 작고 시시한 것이 더 애를 먹인다는 뜻입니다.

사람 몸에는 가랑이가 있는데 여기서 가랑은 '가르다'의 옛말 '가르 다'에서 나왔습니다. 몸통에서 두 다리로 갈라지니까 가랑이라고 했습니다. '촉새가 황새 따라가다 가랑이 찢어진다'는 속담이 있는데, 그렇게 되면 진짜 아플 것 같습니다. 다리가 갈라진 곳을 가랑이, 팔이 갈라지는 곳을 겨드랑이라고 하는데 곁으로 갈라져서 그렇습니다.

가랑이처럼 가르다는 뜻으로 가랑이 붙는 말이 있습니다. 끝이 두 개로 갈라지는 비녀를 '가랑비녀', 두 갈래로 갈라진 머리를 '가랑머리'라고 부릅니다. 무가 여러 갈래로 갈라진 것은 '가랑무'라고 하지요.

가랑이 들어가는 말 중에는 '가랑잎'도 있습니다. 활엽수의 마른 잎을 가랑잎이라고 하는데, 여기서 가랑은 어디서 왔는지 알기 어렵습니다. 떡갈나무의 잎도 가랑잎이라고 부르니까 '떡갈'의 '갈'에서 왔는지도 모를 일입니다.

　　가랑비를 두고 깊이 생각하다 보니, 목이 잠겨서 가랑가랑 소리가 납니다. 시원한 물 마시고 카랑카랑한 원래 목소리를 찾아야 하겠습니다.

가락국수

    자동차로 멀리 떠날 때면 휴게소에 들르지요. 참았던 오줌도 눠야 하고, 허기진 배를 채워야 하기 때문입니다. 차 시간이 급할 때는 밥을 먹지 않고 빨리 나오는 가락국수를 먹습니다. 젓가락으로 국수 가락을 집어서 후루룩후루룩 맛있게 먹을 수 있습니다. 가락국수는 일본 음식 우동 대신 순화한 말입니다. 이름만 달라진 것이 아니라 일본 우동과 맛도 좀 다릅니다.

    가락국수처럼 길쭉한 것에 '가락'을 붙였습니다. 엿가락, 윷가락, 젓가락, 숟가락, 손가락, 발가락이 있지요. 실을 감아 두는 길쭉한 실패는 앞에 아무것도 붙이지 않고 그냥 가락이라고 불렀는데, 그래서 물레에서 실을 감는 물레가락도 그냥 가락이라고 합니다.

가락은 '가르다'의 옛말인 '가ᄅᆞ다'에서 나왔습니다. 찐득한 엿도 길쭉하게 갈라야지 엿가락이 되고, 나무도 갈라야 윷가락으로 쓸 수 있습니다. 하나로 이어지던 손이 갈라지면 손가락이 되지요. 사람 몸에 붙어 있는 머리카락도 '머리+가락'으로 이뤄진 말입니다.

물건에 이름 붙이던 가락이 소리로 옮겨 갑니다. 뭉쳐 있던 소리에서 높고 낮음, 길고 짧음에 따라 길게 빼서 노래를 만듭니다. 그걸 '노랫가락'이라고 하지요. 노랫가락은 줄여서 그냥 가락이라고 부르곤 합니다.

가락처럼 가르다에서 나온 말로 '가닥'이 있습니다. 가닥은 따로 낱말을 만들지 않고 한 가닥, 두 가닥 셀 때 썼지요. 가닥이 여러 개이면 어디까지 세었는지 가닥을 제대로 잡을 수 없습니다. 말을 꺼낼 때도 어떤 말부터 해야 할지 가닥을 잡아야 하고, 꼬인 일도 어디부터 풀어야 할지 가닥을 잘 잡아야 합니다.

그러고 보니 휴게소 갈 때 밥을 먹을지 가락국수를 먹을지도 시간을 보며 가닥을 잘 잡아야 할 것 같습니다.

주먹을 쥐면

주머니가

되지요

사람 몸은 참 많은 일을 합니다. 눈으로 볼 수 있고, 코로 맡을 수 있고, 다리로 걸을 수 있습니다. 몸속에 있는 창자나 쓸개, 애나 양 같은 속알들도 다들 제 할 일을 하느라 밤낮으로 바쁩니다. 손가락이 길어서 쓸모 많은 손도 빼놓을 수가 없지요.

쥐고, 움키고, 꾸리고, 싸고, 풀 때 손은 바빠집니다. 손이 하는 일이 많다 보니, 수를 셀 때 쓰는 말 중에는 손에서 나온 것이 많습니다. 한 쌈, 두 쌈, 상추쌈을 셀 때 쓰는 쌈은 '싸다'에서 나왔고, 한 움큼 두 움큼 셀 때 쓰는 움큼도 '움키다'에서 왔습니다. '꾸리다'에서 꾸러미가, '꿰다'에서 꿰미가, '동이다'에서 동이가 나왔습니다.

사람이 태어나서 손으로 하는 가장 첫 번째 일은 손가락을 모두 오므려서 쥐는 것입니다. 엄마 몸 밖으로 빠져나오려면 힘을 줘야 하니까요. '쥐다'에서 줌이 나왔습니다. 줌은 지금은 따로 쓰지 않고 마늘 한 줌, 흙 한 줌처럼 세는 말로 쓰지요. 하지만 줌은 원래 '주먹'의 준말입니다. 그러니까 쥐다에서 주먹이 나온 것이지요.

손이 하는 두 번째 일은 당연히 손가락을 뻗는 것입니다. 엄마 뱃속에서 나오느라 주먹 꼭 쥔 손을 풀어야 하니까요. 손가락을 '뻗다'에서는 한 뼘, 두 뼘 세는 뼘이 나왔습니다.

손가락을 모두 오므릴 때 빈주먹만 쥐는 것이 아닙니다. 돌잔치 때는 실이나 쌀, 돈, 연필 같은 것을 쥘 수가 있고, 남몰래 주먹 속에 달콤한 사탕을 쥘 수가 있지요. 주먹처럼 보이지 않게 물건을 담아 놓는 것을 '주머니'라고 합니다.

주머니는 주머이, 주마이, 주멩이, 주멍기처럼 지방마다 부르는 이름이 다 다릅니다. 옛말은 '줌치'였지요. 모두 '주먹'에서 나왔습니다. 주먹의 준말 '줌'에 명사형 접미사가 붙었지요. 주머니 속에는 돈을 담기도 하고, 작은 군것질거리를 넣어 두기도 하지요. 고생주머니, 병주머니, 꾀주머니처럼 눈에 보이지 않는 것을 담기도 합니다.

지금은 바지에 덧댄 주머니가 흔하지만 예전에는 복주머니처럼 따로 된 주머니만 있었습니다. 바지에 덧댄 주머니는 중국에서 들어와서 '호주머니'라고 불렀습니다. 호떡처럼 중국에서 들어온 건 앞에 '호' 자를 붙이니까요.

보람줄

살다 보면 어렵고 힘든 일을 만납니다. 애를 써서 끝까지 해내고 나면 뿌듯한 마음이 생기지요. 그럴 때 보람차다고 합니다.

하루하루 꾸준히 해야 하는 것도 있습니다. 공부나 운동 같은 것들입니다. 귀찮아도 날마다 애쓰다 보면 어느새 어제와는 다른 사람이 됩니다. 그럴 때 공부한 보람이 있다, 운동한 보람이 있다고 합니다.

열심히 했는데도 뿌듯한 마음이 생기지 않는다면 헛된 일이 됩니다. 아무 보람이 없다고 하지요. 이렇게 보람은 어떤 일이 좋은 결과를 내었을 때 마음이 흐뭇해지는 것을 뜻합니다. 좋은 뜻으로 쓰다 보니, 사람 이름으로 지을 때도 있고 병원이나 가게 이름으로도 곧잘 씁니다.

'보람줄'이라는 것도 있습니다. 두꺼운 책은 한 번에 읽기가 어려워서 어디까지 읽었는지 표시를 해 둡니다. '책갈피'라고 부르는 작은 종이를 끼워 두기도 하는데, 양장본으로 된 책에는 책갈피에 끼울 수 있도록 일부러 긴 줄을 달아 놓습니다. 보람줄입니다. 보람줄은 보람이라는 말이 어디서 시작되었는지 알려 줍니다.

보람은 원래 다른 것과 구별하기 위한 표시입니다. 자기 매를 잃어버리지 않으려고 달아 두던 시치미 같은 역할을 한다고 보면 될 것 같습니다. 가방이 섞이지 않기 위해 보람을 둘 수도 있고, 길을 잃지 않기 위해 돌이나 나뭇가지를 보람으로 삼기도 합니다.

선수들이 하루하루 열심히 운동하다 보면 대회에 나가서 메달을 딸 수도 있고, 트로피를 받을 수도 있습니다. 그때 받은 메달과 트로피는 지난날 열심히 운동한 것을 표시하는 보람이 될 수 있겠지요.

처음에는 구별하기 위한 표시에 쓰던 말이 점차 좋은 결과에 쓰게 되었습니다. 그러다 이제는 겉으로 드러나는 결과보다는 마음속 느낌을 나타내는 것으로 더 많이 쓰게 되었지요. 보람이 새로운 뜻으로 옮겨 가는 동안 원래 보람이 있던 자리에는 표나 표식, 기호 같은 한자말이 자리 잡게 되었습니다.

지금부터라도 보람이라는 말을 보람차게 써 보면 어떨까 생각해 봅니다.

가시나는

욕이

아입니더

'가시나'란 말이 있습니다. '가시내'라고도 하지요. 경
상도, 전라도, 충청도 지방에서 여자아이를 이르는 말입니
다. 가시나, 가시내는 여자를 뜻하는 옛말 '갓'에 '아이'가 붙
은 말입니다. 남쪽에서만 쓰기 때문에 사전에 오르지도 못
했는데 그건 북쪽에서 쓰는 '간나'도 마찬가지입니다. 간나
도 가시나와 마찬가지로 앞에 '갓'에서 나온 말입니다.

표준어로는 계집애입니다. 계집은 '계시다'라는 뜻을
가진 '계'와 '집'이 붙은 말입니다. 계집아이가 줄어서 계집
애가 되었습니다.

표준말 계집애와 짝을 이루는 말은 사나이, 줄여서 사
내입니다. 사내는 다 자란 장정을 뜻하는 '산'에 아이가 붙

은 말이지요. 가시나와 짝을 이루는 말은 머슴아 또는 머슴애입니다. 머슴처럼 바깥에서 들일을 하는 아이라는 뜻을 담고 있습니다.

여자를 뜻하는 '갓'은 지금은 사라지고 없지만 '가시-'라는 말로 남아 있습니다. 부부를 '가시버시'라고 하는데, '가시밧'에서 온 말입니다. '밧'은 '밖'을 뜻하니까 바깥일을 하는 남편이 됩니다. '가시어미'라는 말도 있는데, 아내의 엄마, 장모를 이르는 말입니다. '가시아비'는 장인을 뜻하지요.

가시버시가 갓 결혼했을 때는 '신랑 신부'였지요. 신랑은 '새 사내'라는 뜻이고, 신부는 '새 아내'라는 뜻으로 모두 한자에서 온 말입니다. 가끔 새신랑, 새신부라고 부르는 사람이 있는데, 신랑, 신부에 이미 새롭다는 뜻이 들어 있으니 잘못된 표현입니다.

신부를 순우리말로 하면 각시입니다. 예전에는 '갓시'라고 부르기도 했으니까 아내를 뜻하는 '가시'에서 온 것 같습니다. '색시'라는 말도 있지요. 색시는 '새 각시'의 준말입니다. 새각시가 새악시가 되었다가 다시 색시가 되었지요. 새신랑, 새신부처럼 새색시도 잘못된 말입니다.

가시와 같은 뜻으로 아내가 있습니다. 아내의 옛말은 '안해'인데, 안에 있다는 뜻입니다. 지금으로 치면 집사람쯤 될 것 같습니다. 아내와 짝을 이루는 말로 남편을 생각하기 십상입니다. 하지만 남편은 한자에서 왔고, 한자말 남편과 짝을 이루는 말은 여편이지요. 지금은 여편네라고 낮잡아 부를 때만 씁니다.

아내를 다른 말로 '마누라'라고 합니다. 마누라의 옛말은 '마노라'였는데, '대비 마노라', '선왕 마노라'처럼 궁궐에서 가장 높은 사람에게 쓰던 말입니다. 여자아이를 이르던 가시나는 자라서 각시나 색시가 되고, 다시 아내나 가시가 되었다가 마누라가 됩니다. 마누라라고 말로만 부를 게 아니라 제대로 마누라 대접도 해야 할 것 같습니다.

잘 다니지 않는 길을 가다 보면 가끔 거미줄에 걸릴 때가 있습니다. 거미줄에 걸려 잡아먹히는 것도 아닌데 괜히 기분이 나쁘고 거미줄을 떼느라 여간 성가신 것이 아닙니다. 거뭇거뭇한 색도 마음에 들지 않지요. 하지만 거미는 해로운 벌레를 잡아먹어서 사람에게 도움이 됩니다.

거미라는 이름은 '검다'에서 왔습니다. 거무튀튀한 색깔 때문이지요. 저녁이 되어서 어둑어둑해지는 것도 거미라고 부르는데, 그것도 벌레 거미와 같이 검다에서 나왔습니다. 벌레 거미와 구분하기 위해 보통 '땅거미'라고 부릅니다. '땅거미가 지다', '땅거미가 내리다'처럼 씁니다.

까마귀, 거머리 같은 것도 몸 빛깔 때문에 이름이 붙었습니다. 옛날에는 검어서 '가마괴'라고 불렀는데, 지금은 까매져서 까마귀가 되었습니다. 씻지 않아서 더러운 아이를 보면 '까마귀 사촌'이라고 놀리기도 하고, 지난 일을 기억하지 못하는 사람을 보고 '까마귀 고기 먹었냐?'고 나무라기도 합니다. 까마귀 입장에서는 좀 억울할 것 같습니다.

그러고 보면 뭘 잘 잊어버리는 일도 검다와 관련이 많습니다. 도무지 떠오르지 않을 때 '까맣게 잊었다'고 하지요. 잠깐 잊었다가 다시 생각나면 '깜빡 잊었다'고 합니다. 깜빡은 '깜+빡'으로 이뤄졌는데, '까맣다+밝다'로 풀어볼 수 있습니다. 밤하늘에는 별빛이나 반딧불이가 깜빡거리지요. 생각날 듯 말 듯한 일에는 '가물가물'을 씁니다.

가마솥, 불가마로 쓰는 가마도 검다에서 나왔습니다. '껌껌하다-삼깜하다'가 짝을 이루는 것처럼 '검다-감다'도 짝을 이룹니다. 눈을 감으면 빛이 들지 않아서 검어지는 이치와 같습니다.

까치
까치
설날은

———

　"까치 까치 설날은 어저께고요~"로 시작하는 노래가 있습니다. 윤극영 시인의 동요 '설날'입니다. 뒤에 이어지는 노랫말은 "우리 우리 설날은 오늘이래요~"입니다. 설날이 정월 초하루니까 까치 설날은 섣달그믐입니다. 우리가 작은 설이라고 부르는 날이지요.

　까치설은 원래 '아치설'이었습니다. 아치는 강아지, 망아지, 송아지에 붙은 아지처럼 작다는 뜻을 가지고 있습니다. 뜻도 모르고 퍼지다 보니, 전라도에서는 '아침설'이라고도 하고, 경기 지방에서는 '까치설'로 부르게 되었습니다. 오래된 설이라고 '묵은 설'로 부르는 곳도 있습니다.

　부산 영도 옆에 조도라는 섬이 있습니다. 작다고 해서

옛날에는 '아치섬'이라고 했는데 시간이 지나면서 '아침섬'이 되었습니다. 지금은 한자말 '아침 조朝'를 써서 조도라고 부릅니다. '아치'의 수난이라고 할 수 있지요. 까치섬이 되지 않은 게 그나마 다행일까요?

설날은 어디서 왔을까요? '설다'와 뿌리가 같습니다. 새로운 곳에 오니 모든 것이 낯설고 물설다고 할 때 그 설다지요. '익다'와 짝을 이루는 말입니다. 새해 새날이니까 낯선 날, 설날이 되었습니다.

설날에 떡국을 먹으면 나이 한 살을 더 먹습니다. 어렸을 때는 나이를 빨리 먹으려고 두 그릇씩 먹기도 했지요. 한 살, 두 살, 나이를 세는 말도 '설'에서 왔습니다. '깜깜하다'와 '껌껌하다'가 같은 뜻인 것처럼 '살'과 '설'도 같은 말이었습니다.

생일을 뜻하는 우리말 '돌'에도 나이를 먹습니다. 첫돌에는 실타래나 쌀 같은 것을 두고 돌잡이를 시키기도 하지요. 돌은 '돌다'가 뿌리입니다. 한 바퀴 돌았으니 다시 제자리에서 새로 나이를 시작하는 셈입니다.

한 해, 두 해, 세는 말은 동해에 떠오르는 해에서 왔습니다. 설날이 되면 새로운 해가 뜨기 때문입니다. 새해지요. 새해에는 설빔을 입고 절을 합니다. 세뱃돈을 받고 나면 복

주머니가 두둑해집니다.

　　봄, 여름, 가을, 겨울, 철이 바뀌고 한 해, 두 해, 해가 바뀌는 일은 되풀이됩니다. 하지만 설은 아닙니다. 해마다 낯섭니다. 그때마다 나이 한 살을 더 먹으니까요. 떡국 때문일지도 모르지요. 나이가 들수록 설날 떡국이 싫어집니다.

밑금을 그을까

밑줄을 그을까

　　책을 읽다 보면 중요한 문장이 나옵니다. 그럴 때 밑줄을 그어야 할까요? 밑금을 그어야 할까요? 사전을 찾아보면 밑줄은 나오는데 밑금은 나오지 않습니다. 하지만 판판한 종이에 연필로 그을 때는 밑금이 낮습니다.

　　금은 '긋다'에서 나왔습니다. '자다-잠, 추다-춤, 살다-삶, 쉬다-숨, 덜다-덤, 트다-틈'과 같이 '긋다-금'도 서로 짝을 이루는 말입니다.

　　종이가 없던 시절 옛사람들은 땅바닥 같은 평평한 곳에 꼬챙이로 금을 그었습니다. 글자도 쓰고, 그림도 그렸겠지요. 그러니 그림도 글도 모두 긋다에서 나왔습니다. 긋다에서 금이 나오고 글과 그림이 나오고 그림자도 나왔습니

148

다. 그리움도 뿌리를 찾아가 보면 긋다가 되겠지요.

요즘은 보고 싶은 마음이 들면 사진을 보거나 동영상을 볼 수 있지만, 예전에는 그런 것들이 없었습니다. 그림으로 그릴 만큼 보고 싶어 애타는 마음이 그리움입니다.

그런데 사전에서는 어쩌다가 밑금이 없는 걸까요? 줄이 힘이 세지면서 금을 잡아먹었기 때문입니다.

줄은 새끼로 꼰 새끼줄, 거미가 친 거미줄, 연을 매달아 놓은 연줄처럼 손으로 잡을 수 있는 것입니다. 자주 쓰는 말로 밧줄이 있지요. 그래서 줄은 묶거나 감거나 당기거나 끊을 수 있었습니다. 줄은 그을 수가 없었지요.

하지만 여기저기 줄을 쓰는 곳이 많아지면서 힘이 세졌습니다. 쭉 늘어선 것에 '줄을 선다'고 말하기도 하고, '한 줄, 두 줄' 셀 때 쓰기도 했습니다. '금무늬'라고 써야 할 말이 '줄무늬'가 되었지요. 그릇에 금이 가면 줄이 간다고 쓰거나 밑금을 긋지 않고 밑줄을 치게 되었습니다.

말은 때마다, 쓰는 사람들에 따라 바뀌곤 했습니다. 사전은 그런 말들을 글자로 붙잡아 놓으려 하지요. 시간이 이만큼 더 흘러서 사람들이 금과 줄을 뜻을 정확하게 알게 되면 줄에 잡아먹힌 금이 다시 제 뜻을 찾을 수 있습니다. 사전에서 밑줄이 아니라 밑금을 찾을 수 있는 날을 그려 봅니다.

함박웃음과

쪽박 웃음

보름달이 떴습니다. 흥부네 초가집 위에는 커다란 박이 달빛을 받아 환하게 빛나고 있습니다. 흥부네는 익어 가는 박을 보며 함박웃음을 지었겠지요. 지붕 위 박처럼 큰 웃음입니다.

함박웃음에서 '함박'은 '한+박'으로 이루어진 낱말입니다. '한'은 크다는 뜻을 가진 '하다'에서 왔는데 지금은 한길(큰길), 한밭(대전), 한걱정, 한시름처럼 흔적이 남아 있습니다. 함박웃음은 '커다란 박'처럼 환하게 웃는 웃음을 뜻하지요.

작약이나 함박꽃나무에서 피는 함박꽃도 같은 뜻입니다. 함박꽃은 4월에 순이 올라와서 초여름이 되면 활짝 피어

나는데, 커다란 박처럼 탐스럽지요. 그래서일까요? 결혼식이 많은 봄에 신부가 던지는 꽃으로 많이 씁니다.

함박과 비슷한 뜻으로 함지박이 있습니다. 함지박은 큰 바가지 모양으로 만든 그릇인데, 밭일 새참을 실어 나르기도 하고, 밥그릇이나 국그릇을 담아 두기도 했지요.

함박이나 함지박과 짝을 이루는 말은 '쪽박'입니다. 작은 바가지를 뜻하는데, 주로 술독에서 술을 뜨거나 간장독에 넣어 두고 장을 떠낼 때 쓰곤 했습니다. 여기서 '쪽'은 작다는 뜻을 가지고 있습니다. 쪽배, 쪽문, 쪽파, 쪽마루처럼 작은 물건 앞에 붙여 썼습니다. 잔털이나 가시를 뽑는 족집게도 집게보다 작아서 붙은 이름입니다.

조각조각 잘라 낸 것에도 쪽을 씁니다. 종이를 잘라서 쓰는 쪽지가 있고, 포기째 담는 포기김치와 달리 조각조각 썰어서 담근 김치를 쪽김치라고 부릅니다. 잠깐씩 틈을 내어 자는 잠은 쪽잠입니다.

'쪽-'은 앞에 붙여쓰기 좋아서 자꾸 새로운 낱말이 나옵니다. 드라마를 찍을 때 시간에 쫓긴 작가가 조각조각 쓴 대본을 쪽대본이라고 부르는 것처럼 말이지요. 쪽으로 새로운 낱말을 만들어 보면 어떨까 싶습니다. 그럼 우리말 살이가 더 넉넉해질 것 같습니다.

좁쌀 까는 마음,
조바심

조마조마 마음이 졸아들고 안달 나는 마음을 '조바심'이라고 합니다. 마음속 느낌을 나타내고 있으니까 자존심, 노파신, 동정신, 애국심처럼 마음 심心 자가 들어간 낱말일 것 같은데 사실은 그렇지 않습니다. 조바심은 순우리말 낱말, 토박이말입니다. 조바심은 '조'와 '바심'이 붙어서 된 낱말입니다.

조는 벼와 더불어 우리 땅에서 오랫동안 농사지어 온 곡식으로 껍질을 까 놓으면 '좁쌀'이 됩니다. 좁쌀은 크기가 작아서 속 좁은 사람을 싸잡아 '좁쌀 같은 놈'이라고 부르기도 하고, 좀스러운 노인을 일러 '좁쌀영감'이라고 할 때도 있지요. 노란 꽃술이 꼭 좁쌀 같은 조팝나무도 좁쌀에서 나온 이름입니다.

'좁쌀에 뒤웅 판다', '좁쌀 썰어 먹는다'는 옛말도 있는데, 좁쌀같이 작은 곡식에 뒤웅박을 판다거나 칼로 썰어 먹는 걸 상상해 보면 재미가 있습니다. 요즘은 잡곡밥을 먹는 집이 많은데 엄마가 한 잡곡밥에서 노랗고 작은 알갱이가 바로 좁쌀입니다.

뒤에 붙은 바심은 무엇일까요? 곡식 낟알을 떨어서 거두는 일을 바심이라고 하는데, 한자말로는 '타작'과 같은 뜻으로 씁니다. 그러니까 조바심은 조 낟알 껍질을 까서 좁쌀로 만드는 일이라고 할 수 있습니다.

한 번 상상해 보세요. 작기도 하고 잘 떨어지지도 않는 조 껍질을 까기 위해 비비고 훑고 털어 내는 장면 말입니다. 그래도 까지지 않아서 손톱으로 깔 생각을 하면 정말 조바심이 날 것 같아요.

이중잣대는

세상을

어지럽힌다

　　길이가 얼마인지 알아볼 때 '재다'라는 움직씨(동사) 낱말을 씁니다. 손바닥을 펼쳐서 한 뼘, 두 뼘, 잴 수도 있고, 나무나 벽에 몸 올 대고 잴 때도 있지요. 잴 내마다 들쭉날쭉한 길이를 더 정확하게 재기 위해 '자'를 만들었습니다.

　　자는 '재다'에서 나온 말입니다. 이름을 나타내는 낱말은 주로 움직임을 나타내는 낱말에서 왔지요. '자다-잠', '추다-춤', '꾸다-꿈'처럼 '재다-자'도 짝이 됩니다. 재다의 옛말이 '자히다'니까 왜 자라는 이름을 가지게 되었는지 헤아릴 수 있습니다.

　　재다는 길이를 잴 때뿐 아니라 무게, 부피, 온도, 속도 같은 것에 두루 쓰던 말입니다. 온도도 재고, 부피도 재고,

무게도 잰다고 하지요. 그럼 온도계도 자라고 하고, 속도계도 자로 불러야 할 텐데 그러지 않았습니다. 엄연히 다른 것을 재는 다른 기구들이니까요. 맨 먼저 만든 기구에 자라는 이름을 쓰는 영광을 주었지요. 다만 두 번째로 만든 기구인 저울은 재다와 어느 정도 관련을 가지는 것 같습니다.

요즘 저울은 쟁반 같은 것에 물건을 올려놓고 재지만 저울이 처음 나올 때는 실에 물건을 매달아서 재었습니다. 그래서 '무게를 재다'라는 말도 쓰지만 '무게를 달다'라는 말도 쓰게 되었지요.

자는 반듯하고 길쭉한 막대에 눈금을 표시했습니다. 그래서 자와 막대를 붙여서 '잣대'라고 불렀습니다. 막대기로 자를 만들다 보니, 그걸로 나무토막을 쳐서 재는 놀이가 생겨났지요. 자치기입니다. 옛날에는 동네마다 자치기를 하며 노는 아이들이 많았습니다.

잣대는 휘어지지 않아서 반듯하게 금을 그을 때도 쓰고, 이쪽, 저쪽을 딱 나눌 때도 썼습니다. 그래서 한쪽으로 치우치지 않는 기준을 잣대라고 부르게 되어 "법의 잣대가 공정해야 한다."라고 씁니다. 이럴 때는 봐주고 저럴 때는 벌을 내리는 이중잣대는 세상을 어지럽히지요. 순리대로 흘러가는 세상을 위해 반듯한 잣대가 필요할 것 같습니다.

불타오르는

불금

봄이면 마른 산에 큰불이 날 때가 있습니다. 거센 바람을 타고 이 산 저 산으로 옮겨 다닙니다. 가끔 사람 사는 마을로 불이 넘어올 때가 있는데 그때는 머뭇거리지 말고 서둘러 불을 피해야 하지요. "불이야, 불이야" 외지면서 말입니다.

"불이야, 불이야" 외치던 말이 줄어서 '부랴부랴'가 되었습니다. '부랴부랴 집으로 돌아갔다', '부랴부랴 채비를 서둘렀다'처럼 쓰는데, 불길을 피하듯 급하게 서두르는 모양을 흉내 내는 말입니다. 요즘에는 "숙제를 못 해서 아침도 먹지 않고 부랴부랴 서둘렀다."고 쓸 수 있겠네요.

불에서 나온 말로 '부리나케'도 있습니다. 부싯돌에 불을 붙이듯 빠르고 급하게 서두르는 모양을 이르는 말입니다. '부리나케 몸을 숨겼다' 정도로 쓸 수 있을 것 같습니다. '불이+나게'라고 풀어쓰면 불과 관계있는 말인 줄 금세 알아들을 수 있을 것 같은데, 이미 백여 년 전부터 소리 나는 대로 부리나케라고 씁니다.

　장사가 잘될 때 쓰는 '불티나다'도 불에서 나온 말입니다. 불이 붙기 시작하면 거기서 티끌 같은 불티가 어지럽게 날리지요. 불티가 날릴 때처럼 정신없이 잘 팔리는 것을 '불티나게 팔린다'라고 합니다.

　별도 달도 없는 한밤중에 갑자기 불을 켜면 어떤 느낌일까요? 어둡고 깜깜한 방안이 갑자기 밝아지겠지요. 그럴 때 쓰는 말로 '불현듯'이 있습니다. '혀다'는 '켜다'의 옛말인데, 지금 말로 하자면 '불 켠 듯'입니다. 깜깜한 밤처럼 도무지 생각이 나지 않다가 갑자기 떠오르면 '불현듯 기억이 떠올랐다'라고 하지요.

　불은 우리 삶과 깊이 이어져 있습니다. 그래서 불이 들어가는 낱말도 많습니다. 불을 닮은 빛깔 '붉다'도 불에서 나왔지요. 불처럼 붉은 불개미, 불곰, 불여우도 불이 들어가고, 불을 땔 때 쓰는 부지깽이나 부삽도 불에서 나온 말입니다. '불타는 금요일'을 줄인 '불금'이라는 말도 생겨났지요. 불

금에는 뭘 하면 좋을까요? 가만히 불을 바라보며 생각을 정
리하는 불멍은 어떤가요?

박쥐,

눈이 밝을까
귀가 밝을까?

드라큘라 영화나 소설을 보면 어김없이 등장하는 동물
이 있지요. 박쥐입니다. 박쥐 날개는 드라큘라 백작이 입는
망토와 비슷해서 서양 축제인 핼러윈 때는 박쥐 날개 같은
망토를 입는 사람도 있습니다.

드라큘라처럼 박쥐도 피를 빨아 먹는다는 오해를 사곤
합니다. 영화를 보면 어두운 밤 피를 찾아 떼지어 날아다니
는 모습을 볼 수 있지요. 하지만 박쥐는 대부분 곤충이나 과
일을 먹습니다.

엄마 젖을 먹는 포유류지만 새처럼 날아다닙니다. 날짐
승인지 길짐승인지 헷갈릴 수도 있지요. 그래서 여기 붙었
다 저기 붙었다 하는 사람을 '박쥐 같다'고 합니다. 가만히

있는 박쥐 입장에서는 좀 억울할 수도 있을 것 같습니다.

새처럼 날아다니는 것도 이상하지만, 깜깜한 밤에도 부딪히지 않고 다니는 게 더 신기합니다. 옛사람들도 그게 궁금했을 것 같습니다. 이리저리 궁리하다가 '박쥐'라고 이름 붙였지요.

박쥐의 옛 이름은 '밝쥐'입니다. '밝은 쥐'라는 뜻이지요. 뭐가 밝다는 건지 잘 모르겠습니다. 과학이 발달하지 않았을 때니까 '밤눈이 밝다'는 뜻으로 쓰지 않았을까 짐작할 뿐입니다. 하지만 박쥐는 어두운 곳에서만 살다 보니 눈이 나쁩니다. 눈알 크기도 작고 겨우 불빛 정도만 알아챌 정도입니다. 박쥐를 자세히 살펴본 사람이라면 눈이 밝아서 박쥐라고 부르진 않았을 것 같습니다.

'밝다'는 원래 불에서 나온 말입니다. 불을 켜면 환하게 눈이 밝아지지요. 하지만 뜻이 점차 넓어지면서 소리를 듣는 귀에도 쓰게 됩니다. 먼데 소리를 잘 듣는 사람에게 귀가 밝다라고 하지요. 대보름에 마시는 귀밝이술도 귀가 좋아지라고 마시는 술입니다.

박쥐는 초음파를 들을 수 있습니다. 잘 볼 수는 없지만 초음파를 듣고 먹이를 찾아냅니다. 어두워도 부딪치지 않고 잘 날아다니지요. 박쥐는 귀가 밝은 동물입니다.

귀가 밝아서 초음파를 듣는다는 사실은 과학이 발달한 최근에 널리 알려졌습니다. 그런데도 우리 옛사람들은 밝쥐라고 이름을 지었지요. 왜 그랬을까요?

눈이 밝다고 지은 건 아닐 것 같은데 말입니다. 언뜻 봐도 눈은 코딱지만큼 작고 귀는 얼굴만큼 큼직하니까요. 어두운 동굴을 날아다니는 박쥐가 사실은 귀가 밝아서 그렇다는 걸 이미 오래전에 알고 있었던 건 아닐까요? 그렇다면 참 신기한 일입니다.

콩을 잡지 않고
꼬투리만 잡네

무언가 잘못을 들추어낼 때 '꼬투리를 잡다'라고 합니다. 또 잘 쓰지는 않지만, 어떤 사건의 원인을 찾아낼 때도 '꼬투리를 잡았다'고 하지요. 꼬투리가 도대체 뭐길래 하사코 잡으려는 걸까요?

콩은 몸속에 단백질을 채우기 위해 오래전부터 길러 온 곡식입니다. 곡식 전체를 콩이라고 부르기도 하고, 씨앗이 되는 알맹이를 콩이라고 부를 때도 있습니다. 두부를 만들기도 하고, 띄워서 메주도 만듭니다. 곱게 갈아서 만드는 시원한 콩국수는 여름 별미입니다.

다른 풀들과 마찬가지로 콩도 자라면 열매를 맺습니다. 열매인 콩알은 여러 개가 한꺼번에 주머니 속에 들어 있는데 바로 그 주머니가 꼬투리입니다.

꼬투리를 열고 속을 봐야지 그 안에 콩이 들었는지 팥이 들었는지 알 수 있습니다. 콩이 다 자랐는지 덜 자랐는지, 콩알이 단단한지 상했는지도 까 봐야지 제대로 알 수 있는데 공연히 꼬투리만 잡으면 안 되겠지요?

꼬투리만 잡고 콩알을 이러쿵저러쿵하던 것이 사람에게 옮겨 갔습니다. 사람 속은 보지도 않고 겉만 보고 '무언가 흠잡을 것이 없나?' 살피는 행동을 일러 꼬투리를 잡는다고 부르게 되었지요.

사전에서 꼬투리를 설명할 때 쓰는 말 중에 '실마리'가 있습니다. '실마리를 찾는다', '실마리가 보인다'로 쓰니까 꼬투리와 같이 무언가 숨겨진 것이 아닐까 싶습니다.

실을 뭉쳐 놓은 것이 실타래입니다. 실을 바늘에 꿰어 바느질을 하려면 실타래에서 실의 첫머리를 찾아야 하는데 이것이 실마리입니다. 예전에는 머리와 마리를 같은 뜻으로 썼으니, 실머리가 실마리로 바뀌는 것도 자연스럽습니다. 처음에는 그냥 실의 머리로만 쓰다가 그 뜻이 점차 사람이 하는 일로 옮겨 가면서 일을 풀어 나가는 첫머리를 실마리로 부르게 되었습니다.

예전에는 바느질을 하기 위해 실머리를 찾았다면 요즘

에는 사건을 잘 해결하려고 실마리를 찾지요. 이리저리 뒤엉킨 단서를 한 줄로 꿰는 명탐정 코난처럼 말입니다.

바위를 깎아지른 것처럼 높이 솟은 곳을 '절벽'이라고
합니다. 바닷가나 높은 산에서 볼 수 있지요. '깜깜절벽'이란
말도 있는데 너무 높아서 아무것도 알 수 없다는 뜻으로 씁
니다. 많은 사람이 쓰기 때문에 언뜻 토박이말인가 싶지만
절벽은 한자말입니다.

우리말로는 '낭'이었습니다. 떨어진다는 뜻을 뚜렷이
하려고 낭 뒤에 '떠러지'가 붙었습니다. '낭떠러지'가 되었
지요. 그러니까 낭떠러지는 위에서 내려다볼 때 쓰는 말입
니다.

절벽 아래에서 위를 바라볼 때는 '벼랑'입니다. 원래는
'별ㅎ'이었습니다. 이랑, 고랑, 파랑처럼 '-앙'이 붙어서 벼랑

이 되었습니다. 사전에서는 벼랑을 '낭떠러지의 험하고 가파른 언덕'이라고 풀어놓았습니다. 낭떠러지와 벼랑이 같은 뜻이라고 본 셈이지요. 벼랑 끝에 섰다거나 벼랑에서 굴렀다고 자주 쓰니까 사전의 풀이가 아주 틀린 것도 아닌 것 같습니다. 하지만 우리 겨레는 위에서 내려다본 것과 아래에서 올려다본 것을 구별해서 썼습니다.

'별ㅎ'에 뒷가지(접미사) '-악'이 붙으면 '벼락'이 됩니다. 벼랑과 같은 뜻으로 썼습니다. 앞에 담을 붙이면 담벼락이 됩니다. 다른 지방에서는 '벼루'라고 부르기도 했고, 경상도에서는 거기에 박을 붙여서 '벼루박'이라고 불렀습니다.

낭떠러지와 벼랑은 깎아지른 언덕을 뜻하는 같은 말처럼 보이지만 바라보는 곳에 따라 다른 말입니다. 시간이 흘러 벼랑이 힘이 세어지면서 낭떠러지의 뜻도 함께 가지게 되었지요. 그나마 지금은 절벽이라는 한자말을 더 자주 쓰게 되었습니다. 지금이라도 원래 말을 되돌려 쓰면 어떨까 싶습니다.

그녀는
새침데기

못 살던 시절에는 축구를 많이 했습니다. 넓은 공터와 공 하나만 있으면 스무 명 넘는 아이들이 하루 종일 신나게 놀았습니다.

골프나 승마처럼 돈이 많이 들어가는 운동도 있습니다. 옛날에는 매사냥이 그랬지요. 어려서부터 오래 길들인 매는 비쌌으니까요. 가끔 사냥매가 엉뚱한 곳으로 날아가거나 도둑맞을 때도 있었답니다.

얇게 깎은 쇠뿔에 이름을 써서 꽁지 속에 매달았습니다. 매를 잃어버리지 않으려고 달아 둔 '시치미'입니다. 지금으로 치면 매 이름표라고 할 수 있지요.

가끔 다른 사람 매에 달린 시치미를 떼고 자기 것을 붙이는 사람이 있었나 봅니다. '시치미 떼다'라는 말이 생겨났지요. 시치미는 빼고 줄여서 '잡아떼다'라고 할 때도 있습니다. 딱 잡아떼고 자기 매라고 우기면 기가 막힐 것 같습니다.

　비슷한 뜻으로 '입을 씻다'나 '입을 닦다'라는 말이 있습니다. 먹어 놓고 안 먹은 척 입 씻는 건 좀 치사하지요. '발뺌하다'도 매한가지입니다. 함께 하자고 발을 들여놓고는 불리해지면 슬그머니 발을 빼니까 말입니다. 남의 집 닭을 잡아먹고 오리발 내미는 사람도 있으니 말해 뭐 하나 싶습니다.

　시치미에서 '새치미'가 나왔습니다. 줄여서 '새침'이지요. 새초롬한 표정으로 모른 척 시치미를 뗄 때 씁니다. 날이면 날마다 그러고 있으면 '새침데기'가 되지요. 부엌데기, 소박데기, 바리데기처럼 사람에게 씁니다.

　풀떼기, 밭떼기, 차떼기처럼 사람에게는 쓰지 않는 '새침떼기'도 있습니다. 사전에는 찾을 수 없지요. 가수 이승철의 팬클럽 이름이니까요. 이승철이 부른 '그녀는 새침떼기' 노래에서 따왔습니다. 사전에 없는 말인데도 새침데기보다 더 새침하게 느껴지는 건 왜인지 모르겠습니다.

나

옛날부터 가족이 아프거나 집안에 좋지 않은 일이 생기면 무당을 불러 굿을 했습니다. 영험한 무당일수록 서낭과 잘 이어진다고 믿었지요. 무당 하면 다들 여자를 떠올리는데 남자 무당도 적지 않았습니다.

한강 이북에서는 남자 무당을 '박수'라고 불렀습니다. 몽골이나 알타이 계통에서 두루 쓰는 이름이었지요. 경기 지역에서는 남자 무당을 '화랭이' 또는 '산이'라고 부릅니다. 화랭이는 신라의 화랑에서 왔고, 산이는 남자의 옛 이름 '산'에서 왔습니다. '산'과 '아이'가 붙어서 사나이가 되었지요.

제주도에서는 무당을 '심방'이라고 부릅니다. 신이 깃

169

든 방을 줄여서 '신방'으로 했는데 부르기 좋게 바뀌었지요. 여자 무당은 여편네에서 온 '예펜심방'이라고 하고, 남자 무당은 사나이에게 온 '소나이심방'입니다.

우리나라 무당은 크게 두 가지입니다. 한강 이북에서는 주로 신내림을 받은 '강신무'가 있습니다. 무병을 앓다가 내림굿을 받는데 영험한 능력을 보여 주기 위해 작두를 타거나 신의 목소리를 들려주기도 합니다.

남쪽 지방은 자식들에게 무업을 물려주는 '세습무'가 있습니다. 따로 신내림을 받지 않고 어렸을 때부터 부모에게 배우기 때문에 춤과 노래를 잘했습니다. 전라도에서는 '단골'이라고 불렀지요. '당골'이나 '당골레'라고도 합니다. 고조선의 단군과 닿아 있지요. 더 멀리 가면 몽골이나 퉁구스 지역에서 섬기던 '텡그리'와도 이어집니다.

단골은 부모가 맡았던 지역을 대대로 이어받았습니다. 당골판입니다. 당골판 안에 있는 사람들은 늘 정해 놓은 단골에게 굿을 맡겼습니다. 오늘날 단골은 정해 놓고 찾아가는 가게를 뜻합니다. 자주 오는 손님도 단골이라고 부르지요.

단골집이 있으면 좋습니다. 외상을 달 수도 있고 막걸리 한 사발이라도 덤으로 줍니다. 외진 곳이어도 단골손님이 자주 찾아 주면 십 년, 이십 년, 오래가는 가게로 남지요.

우라질 놈아

아무리 이야기를 나눠도 말이 안 통하는 사람이 있습니
다. 도무지 속을 모르겠다며 가슴을 쾅쾅 두드리기도 합니
다. 얼마나 말이 통하지 않으면 아프게 가슴을 치게 될까요?

도무지를 옛날에는 '도모지'라고 했습니다. 조선 시대
형벌에도 도모지가 있었지요. 구한 말 황현이 쓴 《매천야록》
에 나오는데 비방이나 무고죄로 억울하게 죽는다고 해서
'도무지'와 같은 뜻으로 쓰게 되었다고 합니다.

도모지는 '진흙 도塗'에 '얼굴 모貌', '종이 지紙'를 쓰는
한자말로 얼굴에 종이를 붙이는 형벌입니다. 얼굴에 종이
몇 장 붙인다고 어찌 되냐 싶겠지만, 죽음에 이르게 하는 벌
이었습니다. 죄인을 움직이지 못하게 묶어 놓고 물 묻힌 종

이를 하나씩 바르면 종이가 마르면서 숨이 막힙니다. 몇 겹이고 종이를 바르다 보니, 아무것도 볼 수 없고 아무 말도 하지 못한 채 죽었지요. 끔찍한 형벌입니다.

죄와 이어진 말 중에 '우라질'도 있습니다. 우라질은 죄인을 묶는 줄, '오라'에서 왔습니다. 옥졸들은 죄인이 꼼짝못하게 오라를 지웠는데 나중에 '우라지다'로 변했습니다. 우라질은 '오라를 지을 놈'이라는 뜻이지요.

죄인에게 오라를 지우고 나면 비로소 벌을 줍니다. 큰 죄인은 배 저을 때 쓰는 노처럼 넓은 곤장으로 치고, 회초리로 때리는 태형도 있었습니다. 장형은 지팡이 정도로 굵은 막대로 때리는 형벌입니다. 여기서 '넨장맞을'이 나왔습니다. 원래는 '난장맞을'인데 아무 곳이나 마구 장을 맞을 놈이라는 뜻이지요.

도무지 말이 안 통하는 사람과 이야기를 나누고 집에 돌아오면 속이 꽉 막히고 답답합니다. 가슴을 두드려도 쉽게 해결되지 않지요. 우라질 놈, 넨장맞을 놈이라고 욕을 하면 답답했던 속이 뚫릴지도 모릅니다. 남들에게 들리지 않게 속으로만 하면 어떨까요?

병목 현상?

목은 머리와 몸통을 이어 줍니다. 잘록하게 들어간 좁은 길이지만 입으로 들어온 먹을거리가 목을 지나 몸통으로 가고, 몸에서 만들어진 피도 목을 통해 머리로 이어집니다. 뼈나 신경도 목을 지나 온몸을 돌아다닙니다.

목숨을 이어 갈 수 있는 숨도 목을 지납니다. 숨이 막히면 목숨을 잃을 수 있고, 목이 틔어야지 숨통도 트입니다. 손목과 발목도 목에서 나온 말이지요.

사람 몸에 있는 목처럼 지나가는 좁은 곳에 목이라는 이름을 붙였습니다. 차나 기차가 안 다닐 때 잠깐씩 열리는 목은 건널목입니다. 길목은 길과 길을 이어 주고 골목은 동네 안 곳곳을 잇습니다. 영어로는 인터체인지라고 부르는 나들목은 고속도로로 나가고 들어가는 목입니다. 좁고 후미진 고샅은 뒷골목이라고도 하는데, 어두운 도시의 뒷골목을 주름잡던 사내들 이야기가 전해지지요.

강가나 바닷가에는 여울목이 있습니다. 바닥이 얕거나 폭이 좁아서 물살이 세게 흐르는 곳을 '여울'이라고 하는데, 여기에 징검다리를 놓아서 다니지요. 징검다리로 건너다니니까 여울목이 되었습니다.

사람들이 많이 지나가는 곳을 '목이 좋다'고 합니다. 목이 좋은 곳은 장사가 잘되고, 목이 나쁜 곳은 자주 오는 단골손님이 있어야 버틸 수 있습니다.

물을 담아 두는 병에도 목이 있습니다. 병을 기울이면 좁은 병목에 막혀 한꺼번에 쏟아지지 않습니다. 시원하게 달리던 차들도 좁은 길을 만나면 병목처럼 느려집니다. 병목 현상입니다.

방바닥 아래에도 목이 있습니다. 아궁이에서 불을 때면 구들장 아래로 연기가 지나갈 수 있도록 구멍을 팝니다. 고래입니다. 고래는 골짜기나 골목을 뜻하는 골에서 왔지요. 고래에는 아랫목과 윗목이 있습니다. 아랫목은 아궁이의 따뜻한 연기가 고래로 들어오는 목이고, 윗목은 고래를 다 돌고 나온 연기가 굴뚝으로 나가는 목이지요. 전기밥솥이 없던 옛날에는 따뜻한 아랫목 이불 속에 밥을 묻어 놓았다고 꺼내 먹었습니다. 학교 갔다가 돌아오면 아랫목에서 꺼내 먹는 밥은 얼마나 따뜻했을까요?

숲길을 걷다 보면 다람쥐를 만날 때가 있습니다. 귀여워서 가까이 다가가면 발이 얼마나 빠른지 달아나 버립니다. 겁이 많은 동물이거든요. 요즘은 키우는 사람도 많은데 운동하라고 쳇바퀴를 넣어 주곤 합니다.

쳇바퀴는 자동차 바퀴나 수레바퀴처럼 바퀴의 한 갈래입니다. 가루를 곱게 칠 때 쓰는 체의 둥근 테가 쳇바퀴지요. 쳇바퀴는 작으니까 다람쥐가 달리기 좋습니다.

바퀴는 돌리거나 굴릴 수 있는 둥근 것입니다. 물레방앗간에서 돌리는 건 물레바퀴이고, 소리를 소용돌이처럼 한 곳으로 모으는 것은 귓바퀴입니다. 톱니가 달리면 톱니바퀴이고, 강원도에서는 굴렁쇠를 굴레바퀴라고 하지요. 나무를 자르면 보이는 나이테를 다른 말로 나이바퀴라고도 합니다.

'다람쥐 쳇바퀴 돌 듯 한다'는 말이 있습니다. 제자리걸음만 하니까 쓸데없는 짓을 이르는 말이지만 요즘은 사람들도 다람쥐처럼 쳇바퀴를 돕니다. 런닝머신입니다. 쳇바퀴 돌 듯 날마다 달리다 보면 다람쥐처럼 날씬한 몸매를 만들 수 있겠지요.

다람쥐는 '돋다'에서 왔습니다. 요즘 말로는 '달리다'니까 다람쥐는 '달리는 쥐'입니다. 달음질을 잘하지요.

달음질이나 달음박질은 달리기와 같은 뜻으로 씁니다. 종종거리며 잔달음을 치기도 하고, 여자 친구를 만나러 한달음에 달려가기도 합니다. 사랑이 식으면 달리다가 걷다가 하면서 반달음으로 가지요. 어렸을 때는 남의 집 창문을 깨고 줄달음을 치기도 합니다.

다람쥐는 가을이 되면 바빠집니다. 겨우내 먹을 도토리를 옮기지요. 집으로 가져갈 때도 있고 여기저기 땅에 묻어 두기도 합니다. 떫은맛을 없애 주고 얼지 않는답니다. 잊어버리고 못 먹은 도토리는 이듬해 봄에 싹을 틔웁니다. 자연은 이렇게 서로 조금씩 품을 내어 살아갑니다.

대나무라는 이름으로 부르지만 대는 나무가 아니라 풀입니다. 대나무는 한 달 정도 자라고 나면 더 이상 두꺼워지지도 않고 키가 크지 않습니다. 빛을 받아 만든 양분은 모두 뿌리로 보내어 다음 세대를 기르는 데 쓰지요.

대는 쓰임이 많습니다. 잘게 쪼갠 대쪽에 종이를 붙여 부채를 만들거나 엮어서 바구니를 만듭니다. 길게 잘라서 바지랑대로 쓰거나 구멍을 뚫어 퉁소나 피리를 만들기도 합니다. 댓잎으로 술을 빚고 대통에 넣어 밥을 짓지요. 죽순을 초고추장에 찍으면 꿀맛입니다.

대나무처럼 가늘고 긴 것에 '대'라는 이름을 붙였습니다. 깃발을 다는 깃대와 돛을 다는 돛대가 있지요. 속이 빈

붓대나 빨대도 대나무에서 나왔습니다. 빨대처럼 속이 비어서 물이 지나가는 통로는 대롱입니다.

영덕대게는 커서 붙은 이름이 아닙니다. 물론 꽃게에 비하면 크긴 하지만 다리 모양 때문에 이름을 붙였지요. 다리 마디가 대나무 마디를 닮아서 대게가 되었습니다.

대는 단단하고 곧아서 사람 마음을 드러낼 때 자주 씁니다. 꼭 해야 할 일이라면 어려워도 대차게 나서기도 하고 불의를 보면 따지며 대지르기도 합니다. 대쪽 같은 절개를 지닌 사람도 있습니다. 잘게 쪼갠 대를 대쪽이라고 합니다. 꺾이거나 구부러지지 않아서 오래 쓸 수 있었습니다. 정몽주의 대쪽 같은 지조도 역사에 오래오래 남습니다.

대에 '살'이 붙어서 '댓살'이 되었습니다. 햇살, 화살, 빗살, 바큇살처럼 말이지요. 부채를 만드는 부챗살이나 우산을 만드는 우산살이 모두 댓살입니다. 사람도 못 먹으면 댓살처럼 마를 때가 있습니다. 그럴 때 '대살지다'고 합니다.

뼈만 남기고 모두 빼 드린다는 헬스클럽 광고를 본 적이 있습니다. 사람을 대나무처럼 만들겠다는 게지요. 얼마나 힘든 운동을 시킬지 생각만 해도 아찔합니다. 대나무가 되기는 어렵습니다. 몸매를 대살지게 하는 것도, 불의에 맞서서 대쪽같이 사는 것도 말입니다.

"머리 어깨 무릎 발 무릎 발"이라는 노래가 있습니다. 몸에서 튀어나온 곳을 한 번씩 치면서 놀 때 부르지요. 맨 마지막에 손으로 치는 곳과 노랫말이 달라서 자칫 틀리기 쉽습니다.

노래에서 보듯 사람 몸이 시작하는 곳은 머리입니다. 맨 처음이지요. 그런 곳에 사람처럼 머리라는 이름을 붙였습니다. 배의 맨 앞은 뱃머리고, 듣기 싫은 말을 나눌 때면 말머리를 돌려야 합니다. 무리를 맨 앞에서 이끄는 사람은 우두머리이고, 맨 끝에서 따라오면 끄트머리가 됩니다.

캄캄하다와 컴컴하다가 같은 말이듯 머리와 마리도 같은 말이었습니다. 함경도에서는 지금도 머리를 마리라고 부르고, 궁중에서도 마찬가지였지요. 지금은 짐승이나 물고기 머릿수를 한 마리, 두 마리, 셀 때 씁니다.

등성이를 이루거나 물결이 일 때 가장 높은 곳을 '마루'라고 합니다. 힘들게 고갯마루를 넘어야 비로소 내리막길이 시작되고 산에서 가장 높은 곳은 산마루가 됩니다. 경상도에서는 '산만디'라고 부르지요. 집에서 가장 높은 곳은 용마루이고, 파도 마루가 높으면 뱃길이 위태롭습니다. 모두 사람 머리에서 나왔습니다.

또래에서 으뜸은 맏이입니다. 마리처럼 사람 머리에서 나왔지요. 소나 말이 첫 번째 낳는 새끼는 맏배이고, 봄이 되고 처음 나는 나물은 맏나물입니다. 맏형, 맏딸, 맏며느리도 모두 첫째 구실을 하느라 힘들 때가 있었지요.

마지막에 태어난 아이는 막내입니다. '막다'에서 나왔습니다. 막내처럼 길도 막히면 막다른 곳이 되고, 더위도 막바지에 이르면 한풀 꺾입니다. 뭘 먹으면 작은창자, 큰창자를 거쳐 막창에 이르고, 축구도 막판 고비를 잘 넘겨야 이길 수 있습니다. 갱도가 막힌 탄광을 '막장'이라고 하는데 드라마도 갈 때까지 가면 막장이 됩니다.

아들딸 많이 낳을 때는 맏이와 막내 사이에 자식이 많았습니다. 맏이가 대학생인데 막내가 태어날 때도 있었으니 말이죠. 너무 많이 낳아 걱정이었다는데 모두 옛일이 되었습니다. 하나씩만 낳다 보니 외둥이가 많아졌지요. 이러다가 맏이라는 말도, 막내라는 말도 모두 사라질 판입니다.

몸에

밸 때까지

내버려둬

학교에 오면 아이들은 배웁니다. 배우기 위해 학교에 오고, 하루 종일 배울 것을 배우고 나면 집으로 돌아갑니다. 나날이 반복되는 일이지만 배우는 일이 행복하지는 않습니다. 학교가 공부만 없으면 행복할 것 같다고 말하는 아이들도 있습니다. 도대체 배운다는 것이 무엇인지 궁금합니다.

배우다는 '배다'에서 왔습니다. 서서히 스며드는 것을 말합니다. 어떤 것이 있을까요? 냄새 같은 것은 옷에 스며듭니다. 담배를 많이 피우면 담배 냄새가 옷에 배고, 일을 하고 돌아오면 땀 냄새가 몸에 뱁니다. 냄새만 몸에 배는 것이 아닙니다. 물 같은 것이 스며들어서 밸 때도 있습니다. 땀이 옷에 배기도 하고, 물감이 스며들어서 종이에 배기도 합니다.

살가죽을 뚫고 나온 핏물이 입술에 뱁니다.

냄새나 물기 같은 것에 쓰던 말이 사람에게로 옮겨 갔습니다. 일을 오래 해서 몸에 익으면 손에 배었다고 합니다. 끈기라든가 친절한 마음도 오래되면 몸에 배지요. 조금씩 스며들도록 해서 몸에 배는 것이 배움입니다.

좋은 것만 배는 게 아닙니다. 욕도 자꾸 하다 보면 입에 배고, 빈둥빈둥 게으름이 몸에 밴 사람도 있지요. 몸에 밸 때까지 내버려두면 버릇이 됩니다.

버릇은 '버리다'에서 왔습니다. 노릇이나 그릇처럼 버리다 뒤에 '웃'이 붙었지요. '세 살 버릇 여든까지 간다'는 옛말처럼 버릇은 오래될수록 바로잡기가 어렵습니다.

바리데기도 '버리다'에서 나왔습니다. 옛날에는 '버리다'와 '바리다'가 같은 말이었습니다. 그러니까 '바리데기'도 '버리데기'와 같은 말입니다. 부엌데기, 소박데기처럼 뒤에 '데기'가 붙어서 '버림받은 사람'을 뜻합니다. 나중에 바리데기는 자기처럼 불쌍한 혼을 달래서 저승으로 데려가는 신이 되었습니다. 바리데기는 마침내 제 삶의 주인이 되었지요. 배움도 마찬가지입니다. 스스로 배우고자 하는 마음이 있어야 열매가 익듯 몸에 배게 됩니다. 그럼 배움이 바리데기처럼 제 삶의 주인으로 살아갈 수 있게 할 겁니다.

날
샜다

　정월 초하루가 되면 해돋이를 보러 갑니다. 한라산이나 지리산 같은 높은 곳을 오르는 사람도 있고, 멀리 동해로 떠나기도 합니다. 정동진은 동해에서 알아주는 해돋이 명소지요. 수평서 저 너머로 손톱만큼 해가 비치면 천천히 날이 샙니다.

　새다는 '해'에서 온 말입니다. 해가 뜨면 날이 새니까요. 혓바닥을 셋바닥이라고 하거나 형님을 성님으로, 힘줄을 심줄이라고 부르는 것처럼 '해다'가 '새다'로 바뀌었지요. 'ㅎ'을 'ㅅ'으로 바꾸는 구개음화 때문입니다. 머리가 희끗희끗 세는 새치도 '새다'와 뿌리가 같습니다.

　날이 새는 방향은 '새'입니다. 해가 뜨는 동쪽이지요.

185

동풍은 샛바람이고, 태백산맥을 넘어오는 높새바람은 북동쪽에서 불어옵니다. 동쪽 하늘에 반짝이는 금성은 샛별이지요.

먼동이 트는 새벽도 '새다'에서 왔습니다. '새다'와 '밝다'가 붙어서 된 말이지요. 옛날에는 새벽이 '새박'이었고 지금도 '새복'이라고 부르는 곳도 많습니다. '밝다'와 '붉다'가 같은 말이듯 '새박'과 '새복'도 같은 말입니다. 나중에 새벽으로 자리를 잡았지요.

동트는 새벽이 지나면 아침입니다. 사투리로는 '아직', '아적'이라고 합니다. '아직 잠에서 덜 깼다'라고 할 때 아직과 뿌리가 같습니다.

아침부터 저녁이 될 때까지는 낮입니다. 해가 머리 꼭대기에 오르면 '한낮'이라고 하고, 환한 대낮에 마시는 술은 낮술입니다. '낮'은 날에서 왔습니다. 날마다, 날씨, 날짜에 들어 있지요.

해가 '저물녘'이 줄어서 '저녁'이 되었습니다. 저녁을 옛날에는 '져녁'이라고 했고, '저물다'의 옛말도 '져물다'니까요. 원래는 날이 질 때 썼는데 계절이 바뀌고 한 해가 넘어갈 때도 저문다고 합니다.

해가 저물 때면 동해로 몰려가는 차 때문에 고속도로

가 막힙니다. 가다 서다 힘들게 바닷가에 다다릅니다. 손톱만 한 해가 비치고 날이 새면 소원을 빌 겁니다. 무슨 소원인지는 모르겠지만 한 해 모두 행복하게 살면 좋겠습니다.

고래고래

〈인셉션〉이라는 영화를 보면 다른 사람들 꿈에 들어가 생각을 훔치는 이야기가 나옵니다. 불가능할 것 같지만, 알 수 없는 일이지요. 꿈은 미지의 영역이기 때문입니다. 잠을 자면서 말을 거는 잠꼬대도 그렇습니다.

잠꼬대는 잠에 고대가 붙은 말입니다. '잠+ㅅ+고+대'에서 '잠ㅅ고대'가 되었다가 잠꼬대로 자리 잡았습니다. '잠꼬디, 잠꼿이'라고 부르는 곳도 있지요. 고대는 '고다'에서 왔습니다. 함경도에서 '떠들다'와 같은 뜻으로 씁니다. 큰소리로 아우성을 칠 때 고아댄다고 합니다. 전라도에서는 아우성이 '고래'입니다. 온 집이 떠나가도록 고래고래 소리를 지르기도 하지요. 모두 '고다'와 뿌리가 같습니다.

자다가 일어나서 돌아다니는 몽유병은 한잠이 들었을 때 나타난다고 합니다. 잠꼬대는 반대로 선잠이 들었을 때 많이 하지요. 들락말락 잠이 올 때니까 살짝 졸 때입니다. '졸다'는 옛말이 'ᄌᆞ올다'였으니까 잠이 온다는 뜻을 가집니다.

자리도 '자다'에서 왔습니다. 자리를 펴야지 잠을 잘 수 있지요. 잠을 자는 자리는 잠자리고, 자려고 이불을 깔면 이부자리입니다. 누우려고 바닥에 까는 것은 돗자리지요. 새는 알을 낳으려고 보금자리를 찾고, 일을 하려면 일자리를 마련해야 합니다. 높은 자리에 올라가려고 자리다툼을 벌이고, 병이 들면 자리보전을 합니다. 자리끼는 자다가 마시려고 머리맡에 두는 물이지요.

'자다'라는 말은 소리에서 오는 느낌을 붙잡았습니다. '자장자장' 노래를 들으면 슬며시 잠이 옵니다. 자장가 노랫말에 'ㅈ' 소리가 많은 것도 그 때문이겠지요. 엄마가 불러 주면 고래고래 잠꼬대 없이 곤한 단잠을 잘 수 있을 것 같습니다.

샅바
싸움

우리 겨레는 절기마다 민속놀이를 했습니다. 단오에 하는 씨름은 빼놓을 수 없지요. 봄부터 쉴 새 없이 일하다가 더위가 찾아오면 화채를 마시며 씨름을 즐겼습니다. 씨름은 상대편의 샅바를 잡고 넘어뜨리는 경기입니다.

샅바는 씨름을 할 때 허리와 다리에 둘러서 잡는 천입니다. 예전에는 죄인 다리 묶는 것을 샅바라고 했고, 경상도에서는 아기 사타구니를 두르는 기저귀도 샅바입니다.

샅바는 '샅+바'로 이뤄진 말입니다. 샅은 사타구니인데 어떤 곳에서는 '사추리, 사타리'라고 합니다. 다리 사이를 이르는 샅이 손가락 사이를 이르는 '손샅'이 되고, 발가락 사이로 가서 '발샅'이 되었습니다.

샅샅이도 샅에서 왔습니다. 곳곳이, 낱낱이, 번번이, 길길이, 줄줄이, 나날이, 다달이처럼 샅과 샅이 붙었습니다. '사타구니를 뒤질 정도'라는 뜻입니다. 꽁꽁 숨겨 둔 비상금도 샅샅이 뒤지면 들킬 수밖에 없습니다.

바는 세게 당겨도 끊어지지 않는 튼튼한 줄입니다. 가느다란 노와 끈을 붙여서 노끈이라고 부르듯, 굵고 튼튼한 바는 줄과 합쳐서 밧줄이 됩니다. 지게에 짐을 동여매는 바는 '동바'라고 하고, 달구지에 달아맬 때는 '달구지바'를 씁니다. 소 등에 쟁기를 매달 때 쓰는 바는 '등바'니까 사타구니에 두르는 바는 저절로 샅바가 되었지요.

씨름은 샅바를 잘 잡아야 유리합니다. 씨름을 시작하기도 전에 신경전을 벌이지요. 샅바 싸움입니다. 샅바 싸움이 길어지면 심판이 끼어들기도 하지요.

씨름판에서만 하던 샅바 싸움을 일상생활에도 쓰게 되었습니다. 회사끼리 협상을 하거나 나라끼리 협정을 맺을 때도 미리 좋은 자리를 차지하려고 합니다. 그때는 심판이 없으니, 샅바 싸움만 하다 끝날 때도 있지요.

라면 한 젓가락에 총각김치를 한 입 베어 물면 아사삭 맛이 좋습니다. 어린 무를 무청째로 담그면 총각김치가 되지요. 왜 총각김치라고 했을까요?

결혼하지 않는 남자, 총각에서 온 말입니다. 예전에는 관례를 치르지 않으면 머리를 땋아서 묶었습니다. 어린 무청과 비슷하게 생겼지요. 머리를 땋아서 늘인 머리는 떠꺼머리인데 여기서 떠꺼머리 총각이 나왔습니다.

총각과 짝을 이루는 말은 처녀입니다. 우리말로는 아가씨라고 하는데 옛날에는 아기씨라고 불렀습니다. 아기를 높여 부르려고 뒤에 '씨'를 붙였지요.

아가씨가 시집을 가면 아줌마가 됩니다. 작다는 뜻을

담은 '앚'과 '엄마'가 붙었습니다. 엄마를 높여 부르면 어머니가 되듯 아줌마도 높이면 아주머니가 됩니다. 경상도에서는 '아지매'라고 하고, 함경도에서는 '아주마이'라고 합니다. 제주도에서는 '아주망'입니다.

아줌마와 짝을 이루는 말은 아저씨입니다. '앚'과 '아비'가 붙어서 된 말 '아자비'에서 왔습니다. 전라도에서는 '아잠'이라고 하고, 북쪽에서는 '아즈바이'라고 합니다. 아비를 높이면 아버지가 되듯, 아자비를 높이면 아주버니가 됩니다. 요즘은 남편의 형님을 이르는 말입니다.

예전에는 총각과 아저씨를 구별하기가 쉬웠습니다. 머리 모양이 달랐으니까요. 아가씨와 아줌마도 금세 알아볼 수가 있었지요. 그런데 요즘은 결혼이 많이 늦습니다. 아줌마 같은 아가씨, 아저씨 같은 총각이 흔합니다. 실수하지 않으려다 보니 술집, 밥집에서도 이모나 삼촌으로 부릅니다. 이대로 아줌마, 아저씨는 다 사라지는 걸까요?

집을 지으려면 땅이 있어야 합니다. 그렇다고 무턱대고 아무 땅에나 지을 수는 없지요. 뒤로는 산이 있어서 북풍을 막아 주고, 앞으로는 내가 있어서 해를 받을 수 있어야 합니다. 터가 좋아야 하지요.

땅은 바다와 짝을 이루는 말입니다. 딛고 다닐 수 있는 곳이지요. 터도 딛고 설 수 있지만 갖추어야 할 것이 있습니다. '쓸모'입니다. 아무짝에도 쓸 수 없는 땅은 터가 아닙니다. 집터는 집을 지을 수 있어야 하고, 아이들이 맘껏 뛰놀 수 있는 곳은 놀이터가 됩니다. 고기가 많이 잡히면 낚시터로 유명해지고, 물길이 좁은 곳에 나루터를 만듭니다.

터를 닦으면 오래 머물 수 있는 터전이 됩니다. 터줏대

감도 자리를 잡게 되겠지요. 그러다 쓸모를 다하면 터줏대 감마저 떠나고 빈터만 남게 됩니다. 절 없이 절터만 남을 수도 있고, 흉터가 남기도 하지요. 터무니입니다.

터무니는 '터+무늬'로 이뤄졌습니다. 터가 있었던 자취지요. 아무리 오래되어도 터무니없는 집터나 절터는 없습니다. 무엇이든 흔적이 남았을 테니까요. 독도가 일본 땅이라는 말은 흔적이 없으니 터무니없는 주장이 됩니다. 내놓는 말마다 엉터리입니다.

엉터리는 바탕과 뼈대를 일컫는 말입니다. 엉터리가 없으면 뼈대조차 없이 일하는 셈이지요. 엉터리없으면 집을 짓다가도 우르르 무너지기 십상입니다. 요즘에는 '엉터리없다'고 써야 할 곳에 '없다'를 빼고 그냥 엉터리만 쓸 때도 있습니다.

터에 무늬가 없는 것처럼 어처구니가 없을 때도 있습니다. 어처구니는 맷돌 손잡이를 이르지요. 맷돌을 돌리려는데 어처구니가 없으면 참 기가 막힐 것 같습니다.

해마다 봄이 되면 방방곡곡에 축제가 열립니다. 거창한 홍보에 기대하고 가 보면 가끔 엉터리 맛집이나 터무니없는 가격 때문에 어처구니가 없습니다. 장사 하루 이틀 할 건가요?

달력에 있는 빨간날은 노는 날일까요, 쉬는 날일까요?

'쉬다'는 '움직이다'와 짝을 이루는 말입니다. 사람이 나서 죽을 때까지 끊임없이 쉼과 움직임을 되풀이하지요. 움직임은 다시 '놀다'와 '일하다'로 갈라집니다. 산업화 시대만 해도 근면하게 일하는 것이 미덕이었지만, 요즘은 다시 노는 것을 귀하게 여기고 있습니다. '놀다'는 일에 짓눌린 삶을 풀어 줄 뿐 아니라 더 높은 삶으로 이끌어 주기 때문이지요.

'놀다'에서 놀이가 나왔습니다. 살림살이 흉내를 내는 소꿉놀이에서 온 마을이 함께 하는 강강술래까지 많고 많습니다. 모두에게 해방감을 느끼게 해 주는 대동놀이도 빼놓을 수가 없지요.

놀이가 더 다듬어져서 놀음이 되었습니다. 놀음은 오광대탈놀음이나 산대놀음처럼 탈을 쓰고 역할을 맡습니다. 양반탈을 쓰면 양반이 되고, 말뚝이탈을 쓰면 말뚝이 노릇을 하게 됩니다.

노릇도 '놀다'에서 왔습니다. 옛날에는 '놀다'의 '놀'에 '읏'을 붙여서 '노릇'으로 불렀습니다. 탈놀이에서 쓰던 말이 점차 사람들이 하는 일로 바뀌었습니다. 아버지가 없으면 형이 아비 노릇을 하고, 어머니가 없으면 언니가 어미 노릇을 했지요. 사람 탈을 쓰고도 사람 노릇을 못 하면 인두껍을 썼다고 손가락질했습니다. 기가 찰 노릇이지요.

흥얼흥얼 노래도 '놀다'에서 왔습니다. 놀이하는데 노래가 빠질 수 없었겠지요. 가락을 붙여서 노는 놀이가 노래입니다. 마개, 덮개, 베개처럼 '놀+애'로 이뤄졌습니다.

돈을 놓고 겨루는 노름도 '놀다'가 뿌리입니다. 예전에는 골패로 노름을 놀았다는데 요즘은 밖에서 들여온 화투나 카드로 노는 사람이 많습니다. 노름을 전문적으로 하는 카지노도 있지요.

노름도 놀이 삼아 할 수 있습니다. 잘 짜진 놀이 규칙에 재미를 느낄 수 있지요. 하지만 '노름에 미치면 집도 팔아먹는다'는 옛말처럼 삶을 병들게 합니다. 놀이의 본래 가치보다 돈에 더 마음을 쏟기 때문입니다.

빨간날은 일을 하지 않습니다. 쉴 수도 있고 놀 수도 있지요. 놀이도 배워야 잘 놀 수가 있습니다. 함께 놀 친구도 있어야 하고 때로는 장소나 도구도 필요합니다. 일에 마음을 쏟듯 놀이에도 진심을 다해야 신나게 놀 수 있습니다.

잘난 사람

잘난 대로

살고

살다 보면 잘난 사람들을 많이 봅니다. 돈 많은 사람, 힘센 사람, 잘생긴 사람, 똑똑한 사람들입니다. 누가 봐도 잘나서 샘이 나는데, 저 잘났다고 대놓고 뽐낼 때도 있지요.

뽐내다는 '뽑다'에서 온 말입니다. 뽑아서 내는 것이지요. 뭘 뽑아서 낼까요? 팔뚝입니다. 싸움을 하거나 팔씨름을 할 때 옷소매에서 팔을 뽑아서 내는 것이 뽐내는 것이지요. 우람한 팔뚝을 보면 맞붙기도 전에 기가 죽습니다.

비슷한 뜻으로 '뻐기다'가 있습니다. 얄미울 정도로 자랑질을 한다는 말이지요. 뻐기다는 '뻐개다'에서 온 말입니다. 작은말로는 '빠개다'인데, 도끼로 장작을 빠개거나 맨손으로 사과를 빠갤 수 있습니다. 힘자랑을 하는 것이 뻐기는

199

것이었지요.

그냥 넘어가도 될 텐데 끝까지 확인하면서 잘난 척하는 것도 있지요. '재다'입니다. '자'에서 온 말입니다. 키가 큰 건 딱 봐도 아는데 꼭 자로 재어서 망신을 줍니다. 키 작은 사람 앞에서 재는 건 좀 아니라고 봅니다.

귀엽게 잘난 척하는 것도 있습니다. 주로 어린아이들이 그러지요. '우쭐대다'입니다. 무릎을 굽혀 가며 우쭐우쭐 춤추듯 걸어가는 모습입니다. 아이들이 우쭐대는 건 참 귀여운데 다 큰 어른이 우쭐거리는 건 얼마나 보기 싫은지 모릅니다. 제발 좀 참아 주면 좋겠습니다.

가만히 있으면 남들이 알아줄 텐데 꼭 자기라고 나서는 사람도 있지요. '젠체하다'입니다. '저인 척하다'가 줄어서 된 말입니다. "저요, 저요." 손들어서 자기가 잘났다고 자랑하는 꼴입니다.

'으스대다'도 잘난 척에서 빼놓을 수 없습니다. '으시대다'라고 잘못 쓸 때가 많은데, 어디서 온 말인지 알고 나면 제대로 쓸 수 있습니다. 어깨를 잇따라 들먹이는 모양, '으쓱으쓱'에서 온 말이니까요. 남들 부러워하는 감투를 쓰면 어깨가 저절로 으쓱대지요.

잘난 사람이 잘난 대로 사는 건 뭐라고 하지 않습니다.

다만 너무 티를 내지 않으면 좋겠다는 거지요. 어떻게든 끼어서 둥글둥글 어울려 살고 싶은데 세상에 잘난 척하는 사람이 너무 많네요.

나이만 많다고

점잖은 건

아니지

'점잖은 개가 부뚜막에 오른다'는 옛말이 있습니다. '얌 전한 고양이 부뚜막에 먼저 올라간다'도 있지요. 평소에는 점잔을 떨다가도 먹을 게 많은 부뚜막 앞에서는 본색을 드 러내는 것이지요.

'점잖다'는 '젊지 아니하다'가 줄어서 된 말입니다. 젊 지 않으니 늙은 사람처럼 행동하는 건가 싶은데 아닙니다. 옛날에는 '젊다'를 어리다는 뜻으로 썼으니까요. 천방지축 어린아이처럼 행동하지 않아야 점잖은 것이지요.

'아니 하다'를 줄여서 '- 잖다'나 '- 찮다'로 끝나는 말이 많습니다. '귀하지 않다'를 줄여서 '귀찮다'고 하고, '마뜩하 지 않다'가 '마뜩잖다'가 됩니다. '마뜩하다'는 마음에 든다는 뜻이니 '마뜩잖다'는 못마땅하다는 말입니다.

'꼴같잖다'도 있습니다. 꼴은 세모꼴처럼 딱 보면 한 번에 알아볼 수 있는 생김새입니다. 꼴을 제대로 갖춰야 무엇인지 알아볼 수 있는데 아직 꼴도 못 갖췄으니 꼴 보기가 싫어집니다. 꼴을 빼고 그냥 같잖다고 말할 때도 있습니다.

비슷한말로 '하찮다'가 있습니다. 뭘 하지 않는다는 말일까요? 옛말 '하다'에서 실마리를 찾을 수 있습니다. 하다는 많거나 높다는 뜻을 가지고 있습니다. 많거나 높지 않은 것이니까 보잘것없고 하찮습니다.

'편찮다'는 편하지 않다는 뜻입니다. '불편하다'와 같지만, 아프다는 뜻으로 더 많이 씁니다. '안심찮다'는 안심이 되지 않고 불안한 마음입니다. 전라도 사투리로는 '아즘찮다'인데 소설 《태백산맥》에 나오지요.

'어쭙잖다'도 흔히 쓰는 말입니다. '어줍다'는 어설픈 행동을 이르는 말인데 어쭙잖다도 비슷한 뜻으로 씁니다. 어쭙잖다를 어줍지도 않다거나 어줍을 정도도 되지 못한다고 써서 그런 게 아닐까 싶습니다.

'점잖다'는 젊지 않다는 말이라고 했지요. 하지만 젊지 않다고 다 점잖은 건 아니지요. 나이가 들고 어른이 되었지만 여전히 어리게 사는 사람도 많으니까요.

봄, 여름, 가을, 겨울, 철따라 나오는 과일이 다릅니다. 봄에는 딸기가 제철이고, 여름은 수박이 제철입니다. 제철에 먹는 것은 맛도 좋지만 싸고 흔합니다.

'흔하다'는 수를 세는 말에서 왔습니다. 하나, 둘, 셋, 넷… 세다 보면 어느새 십이 됩니다. 십은 한자말이지요. 우리말로 하면 '흔'입니다. 마흔, 일흔, 아흔에는 흔이 그대로 붙어 있고 서른, 쉰, 예순, 여든에도 흔적이 남아 있습니다. 남쪽에서는 쉰을 지금도 '쉬흔'이라고 부른다니 다른 수에도 흔이 붙어 있었을 겁니다. 서른은 셋흔, 예순은 여섯흔, 여든은 여덟흔이었겠지요. 사냥감이 부족하던 옛날에는 열 마리만 있어서 흔했을 겁니다.

'온'은 흔보다 열 배 큰 수입니다. 숫자 백입니다. 지금 은 한자말에 밀려 쓰는 사람이 없지만 온통, 온갖 같은 말에 남아 있습니다.

　천을 우리말로 하면 '즈믄'이고 만은 '골'입니다. '골백 번도 넘게 들었다' 할 때 그 골이지요. 골백번은 숫자 만이 백 번이니까 백만 번입니다. 골백번 넘게 잔소리를 들으면 어떨지 아찔한 생각이 듭니다.

　흔하다와 비슷한말로 '많다'가 있습니다. 옛말은 '만하 다'였습니다. 숫자 만에서 왔지요. 경상도에서는 여기에 '억 수로'를 붙여서 '억수로 많다'라고 하는데, 숫자 억에다 만을 곱했으니 얼마나 많은지 짐작조차 할 수 없습니다.

　'쌔고 쌨다'는 말도 있습니다. '쌔다'가 '쌓이다'의 준말 이니까 쌓이고 쌓였다는 뜻이 될 겁니다. 들판에 곡식이 쌓 이고 쌓인 걸 보면서 얼마나 흐뭇했을까요? 그런 모습을 나 타낸 경상도 사투리가 '천지삐까리'입니다. '삐까리'는 볏단 을 쌓아 놓은 볏가리의 사투리니까 천지에 볏가리가 쌓여 있다는 뜻입니다.

　하늘에 별이 숱하게 많다고 할 때 쓰는 '숱하다'도 아주 많다는 뜻을 담고 있습니다. 머리카락도 숱에서 왔습니다. 머리카락 한 올 한 올을 세다 보면 많기도 할 겁니다.

수를 셀수록 숫자는 점점 커졌습니다. 그만큼 우리 삶도 복잡해졌지요. 하나, 둘, 셋, 넷… 손가락 열 개만 접어도 흔하던 시절, 그때가 참 행복했을 것 같습니다.

그냥
둔다고

집을 짓거나 길을 내고 나면 구석진 곳에 남는 땅이 있습니다. 마당을 내기에도, 헛간을 만들기에도 마땅치 않습니다. 빈 땅을 그냥 둘 수 없어 상추나 고추 따위를 심습니다. 자투리땅입니다.

자투리는 길이를 재는 '자'에 '투리'가 붙은 말입니다. 옛날에는 '자토리'라고 불렀습니다. 앵도가 앵두로 바뀌거나 호도가 호두가 되었듯, 자토리도 자투리로 바뀌게 되었지요. 토리는 실을 둥글게 감은 뭉치입니다. 그러니까 자로 재서 남은 옷감 뭉치가 자투리인 셈이지요.

'토리'나 '투리'는 쓰고 남은 것을 뜻하는 말 뒤에 붙곤 합니다. 가마니에 넣고 남은 곡식은 '마투리'이고, 콩을 훑고 남은 껍질은 '꼬투리'입니다. 전라도에서는 나머지를 '나토리'라고 부른다지요. 짝을 짓고 남은 사람은 '외톨이'가 됩니다. 한 톨, 두 톨 밤을 세기도 하지요.

자투리와 비슷한말로 '우수리'가 있습니다. "우수리 떼고 열 개만 주세요." 할 때 열 개를 세고 남은 것이 우수리입니다. 돈으로 치면 얼마 안 되는 잔돈을 뜻하지요. 우수리를 차곡차곡 모았다가 목돈을 만들면 요긴하게 쓸 수가 있습니다. "우수리는 안 받을 테니 좋은 물건으로 주세요." 할 때는 물건을 사고 남은 거스름돈과 같은 뜻으로 씁니다.

남은 것을 그냥 버렸다면 자투리라는 말은 생겨나지 않았을 겁니다. 어떻게든 모아 두었다가 다시 쓰려다 보니 생겨난 말이지요. 자투리 천을 모아 방석을 만들거나 자투리땅에 농사를 지을 수도 있습니다. 시간에도 자투리가 있습니다. 자투리 시간을 쪼개어 책을 읽을 수도 있지요. 자투리를 잘 써야 알뜰하게 살아갈 수 있을 것 같습니다.

이런
싸가지!

봄이 되면 씨감자를 잘게 자릅니다. 여기에 재를 묻혀 소독하지요. 밭에다 심고 나면 물도 주고 풀도 뽑습니다. 얼른 흙 밖으로 나오라고 말입니다. 어린 싹, 싸가지를 기다립니다.

싸가지는 '싹+아지'로 이뤄진 사투리입니다. 사전을 보면 전라도나 강원도에서 주로 썼다는데 지금은 온 나라에서 다 쓰는 말입니다. 소리 나는 대로 적다 보니, 싸가지가 되었지요. 아지는 사람으로 치면 아기입니다. 송아지, 강아지, 망아지처럼 작은 새끼에게 씁니다. 물을 뜨는 바가지도 박에 아지가 붙은 말입니다.

먹을 게 없던 시절, 감자를 심으면 언제 싸가지가 나오나 기다립니다. 싸가지가 튼튼하게 나와야 식구들 배를 곯리지 않습니다. 기다리던 싸가지가 흙을 뚫고 나오면 얼마나 기뻤을까요? 농부들에게 싸가지는 희망이었을 겁니다. 아무리 기다려도 싸가지가 나오지 않으면 감자 농사는 해 보나 마나입니다. 버르장머리가 없다는 뜻의 '싸가지가 없다'는 여기서 나왔습니다. 싸가지가 없으면 희망이 없습니다.

싸가지는 표준어로 싹수입니다. 둘 다 싹에서 갈라져 나왔습니다. 싸가지는 주로 '있다-없다'로 나누지만, 싹수는 색깔로 나눕니다. 연둣빛 싹수가 나오면 좋지만, 싹수가 노랗게 되면 큰일입니다. 키워 봤자 소용이 없지요.

'싸가지가 없다'와 비슷한 말로 '소갈머리가 없다'는 말을 쓸 때도 있습니다. 하지만 싸가지와 소갈머리는 서로 다릅니다. '소갈'은 원래 '속+알'이었습니다. 사람 마음속에 있는 알 말입니다. 흔히 '얼'이라고 부르지요. '얼이 나갔다', '얼이 빠졌다'고 할 때 씁니다. '소갈머리가 없다'는 말은 마음이 없다는 뜻이니까 몸만 사람인 셈입니다.

작게나마 속알이 남아 있을 때는 '밴댕이 소갈딱지'라고 합니다. 밴댕이는 주로 젓갈을 담아 먹는 작은 생선이니까 밴댕이 소갈딱지는 딱 그만한 품을 가지고 있는 사람입니다. 속 좁은 사람이니 가까이하지 않는 것이 좋습니다.

희망을 뜻했던 싸가지를 요즘에는 부정적으로 씁니다. 예의가 없는 사람을 '이런 싸가지!'라고 부릅니다. 앞에 '왕'이나 '개'를 넣으면 지독한 욕이 될 때도 있습니다. 뜻이 반대가 되었습니다. 농부의 마음을 헤아린다면 못 쓸 말입니다. 씨앗이 곡식이 되는 놀라운 말, 싸가지를 두고 말이지요.

트집만 잡고

흥정은

뒷전

장터에 가면 신이 납니다. 신기한 물건과 재미난 사람들이 넘쳐납니다. 마음에 드는 물건을 고르면 흥정을 합니다. 그냥 사는 법이 없지요. 값을 낮추려고 괜히 트집을 잡기도 합니다.

트집은 '틈+집'으로 이뤄진 말입니다. 막혔다가 벌어진 것이 틈인데 항아리에 틈이 생기면 물이 새고, 버스나 지하철을 타려면 사람들 틈에 잘 끼어야 합니다. 오해가 쌓이면 친구들 사이에도 틈이 생깁니다. 숨 돌릴 틈 없이 바쁠 때도 틈틈이 쉬어야 기운을 차릴 수 있습니다.

뒤에 붙은 '집'은 물집이나 흠집처럼 자리를 뜻합니다. 몸집, 맷집처럼 사람이 사는 집에서 온 것 같습니다. 그러니까 트집은 틈이 벌어진 자리입니다. 틈이 좁게 벌어졌을 때는 뒤에 바구니가 붙어서 '틈바구니'로 부르고, 틈의 사이는 '틈새'입니다.

틈은 '트다'와 뿌리가 같습니다. 땅속에 있던 씨앗은 봄이 되면 싹이 트고, 새까맣게 어두운 밤도 새벽이 오면 환하게 동이 틉니다. 사람끼리 틀 때도 있지요. 이사를 하면 이웃집 사람들과 말길을 트고, 은행에 가면 통장을 만들고 거래를 틉니다.

'트집만 잡고 흥정은 뒷전'이라는 옛말이 있습니다. 장터에 사러 왔으면 흥정이 먼저인데, 트집만 잡다가 해질 때까지 뭣 하나 못 살 수도 있지요. 이제 트집은 그만 잡고 거래를 터야 할 것 같습니다.

참고문헌

김수업, 《말꽃 타령》, 지식산업사, 2006

김수업, 《우리말은 서럽다》, 휴머니스트, 2012

김수업, 《배달말꽃》, 지식산업사, 2002

장승욱, 《재미나는 우리말 도사리》, 하늘연못, 2004

김양진, 《우리말 수첩》, 정보와사람, 2011

김무림, 《한국어 어원사전》, 지식과교양, 2015

홍윤표, 《살아있는 우리말의 역사》, 태학사, 2009

염광호, 《우리말 어원 산책》, 역락, 2021

이재운, 《알아두면 잘난 척하기 딱 좋은 우리말 어원사전》, 노마드, 2024

박숙희, 《뜻도 모르고 자주 쓰는 우리말 사전》, 책이있는마을, 2004

최종희, 《열공 우리말》, 원더박스, 2017

서정오, 《누구나 쉽게 쓰는 우리말》, 보리, 2020

김동소, 《한국어특질론》, 정림사, 2005

서정범 지음, 박재양 엮음, 《새국어어원사전》, 보고사, 2018

박영준·시정곤·정주리·최경봉, 《우리말의 수수께끼》, 김영사, 2002

박영준·시정곤·정주리·최경봉, 《역사가 새겨진 우리말 이야기》, 고즈윈, 2006

한길, 《우리말 어찌씨의 짜임새 연구》, 역락, 2014

박호순, 《알고 보면 재미있는 우리 민속의 유래》, 비엠케이, 2014

장승욱, 《한겨레 말모이》, 하늘연못, 1998

최종규, 《새로 쓰는 겹말 꾸러미 사전》, 철수와영희, 2017

이윤옥, 《사쿠라 훈민정음》, 인물과사상사, 2010

조항범, 《우리말 어원 사전》, 태학사, 2022

최종규, 《새로 쓰는 비슷한말 꾸러미 사전》, 철수와영희, 2016

일연 지음, 이민수 옮김, 《삼국유사》, 을유문화사, 2013

국립국어연구원, 《표준국어대사전》, 두산동아, 2000

고려대학교 민족문화연구원, 《고려대 한국어대사전》, 고려대학교 민족문
화연구원, 2009

사회과학출판사 편집부 엮음, 《조선말 대사전》, 박이정, 1992

황토출판사 편집부 엮음, 《우리말 글쓰기 연관어대사전》, 황토, 2006

https://opendict.korean.go.kr, 《우리말샘》, 국립국어원

https://namu.wiki, 《나무위키》

https://ko.wikipedia.org, 《위키백과》

https://terms.naver.com, 《네이버 지식백과》

https://folkency.nfm.go.kr, 《한국민속대백과사전》

어른의 말 공부

사람과 삶, 마음을 잇는 어휘의 힘

1판 1쇄 펴낸날 2025년 1월 20일

지은이　　　권재우 김강수 박길훈 윤승용 이정수 조배식

펴낸이　　　김상원 정미영
펴낸곳　　　상상정원
출판등록　　제2020 000141호
주소　　　　(05691) 서울시 송파구 삼학사로 6길 33, 1층
전화　　　　070-7793-0687
팩스　　　　02-422-0687
전자우편　　ss-garden@naver.com

ⓒ 권재우 김강수 박길훈 윤승용 이정수 조배식, 2025

ISBN　　　　979-11-92554-09-9 03700